KB254162

퍼펙트워크

零缺陷工作

copyright © 2011 by 汪中求 , 朱新月

Korean Translation Copyright © 2014 by Dasan Books Co., Ltd.

Korean edition is published by arrangement with 新世界出版社.

All rights reserved.

이 책의 한국어판 저작권은 저작권자와의 독점계약으로 ㈜다산북스에 있습니다.
신저작권법에 의해 한국 내에서 보호를 받는 저작물이므로 무단 전재와 무단복제를 금합니다.

Perfect
work

열심히 일하지 말고 완벽하게 일하라

퍼펙트워크

왕중추, 주신위에 지음 | 이지은 옮김

다산북스

왜 제대로 일하지 못하는가

'상식'은 보통 사람이라면 누구나 응당 알고 있는 것을 말한다. 그러나 사실은 그렇지가 않다. 과연 누구나 '제대로' 알고 있을까? 누구나 상식대로 잘 행하고 있을까? 상식을 벗어난 일은 비일비재하다.

일에 관한 문제도 그와 다르지 않다. 당신은 당신의 일에 대해 상식대로, 아는 대로 일하고 있는가? 당신은 일에 대해 어떻게 인식하고 있는가? 본격적인 이야기를 하기에 앞서, 먼저 그 부분부터 한번 짚고 넘어가보자.

왜 일하는가?

"땀 흘린 만큼 먹는다", "일하지 않는 자, 먹지도 말라"라는 어른들의 이야기를 귀에 딱지가 앉을 정도로 듣던 시절, 일은 '울며 겨자 먹기'로 하는 것이었다. 쉽게 말해서 밥 먹고 살려면 일을 해야 했다. 밥이 생존과 일을 연계시켜주는 매개체였던 셈이다. 하지만 오늘날 '먹기' 위한 문제는 이미 해결됐다. 나 역시 열여섯 살 되던 해에 '배고픈 문제'는 덜었던 것 같다. 그러나 그때나 지금이나 단 한 가지 현실만은 변하지 않았다. 바로 '생존'하기 위해서는 열심히 일해야 한다는 것이다. 그리고 과거의 '밥'을 대신해 이제는 '돈'이 새로운 매개체로 떠올랐다.

유치원에 처음 발을 들여놓게 된 한 아이가 칭얼거리며 엄마 품을 떠나지 않으려고 하자 엄마가 조용히 타이른다. "우리 아기, 착하지? 엄마도 일하러 가고 싶지 않지만 네게 예쁜 옷을 사주려면 열심히 일해서 돈을 벌어야 해." 일이란 돈을 벌기 위해 어쩔 수 없이 해야 하는 것임을 무의식적으로 드러내는 사례다.

독일을 비롯한 일부 선진국은 '요람에서 무덤까지'라는 말이 있을 정도로 훌륭한 사회복지시스템을 자랑한다. 실제로 독일의 재정지출에서 사회 공공부문이 차지하는 비중은 상당히 큰데, 1997년 자료에 따르면 교육 및 과학 연구는 20.6퍼센트, 사회복지는 15.6퍼센트, 의료보험은 10.2퍼센트를 차지하는 것으로 나타났다. 이러한 사회복지시스템 덕분에 열심히 일한 독일인은 편안한 노후를 즐길 수 있다. 6개월 치 월급으로 자동차 한 대를 마련할 수도 있고, 8년간 모은 저축으로 집 한 채를 구입할 수도 있다. 8200만 명이나 되는 사람이 살고 있는 독일에는 약 4만 채의 주택이 있는데, 주택 임대료가 가구 소득의 3퍼센트에 불과할 정도로 저렴하다.[1] 이러한 상황에서도 독일인들은 게으름뱅이로 전락하지 않고 계속해서 열심히 일한다.

일은 사람이 하늘로부터 부여받은 일종의 약속이자 문명사회를 살아가는 시민의 생존 조건이며, 삶을 구성하는 데 꼭 필요한 부분이다. 문명사회를 살아가는 이상 일하지 않는 삶이란 상상할 수 없는 것이다. 예전에 유럽 여행을 다녀온 후 '나는 웨이터라는 것이 자랑스럽다'라는 제목의 글을 쓴 적이 있는데 그중의 일부를 잠깐 소개해 보겠다.

유럽의 호텔이나 레스토랑에서 일하는 웨이터는 항상 바쁘다. 남녀노소 가리지 않고 모든 웨이터는 시종일관 유쾌한 표정으로 손님에게 인사하고, 적극적으로 손님에게 먼저 말을 선넨다. 요컨대 그들은 손님에게 즐거움을 주려고 한다. 나는 한 호텔 레스토랑에서 프랑스 요리를 먹었는데, 당시 내 테이블을 담당하던 웨이터가 '훈훈한' 외모의 소유자였던 것으로 기억한다. 그의 멋진 외모 외에도 나를 놀라게 한 것은 그의 뛰어난 서빙 실력이었다. 냉채 요리가 잔뜩 담긴 쟁반을 왼손 하나로 번쩍 든 그는 레스토랑 곳곳을 자유자재로 누볐다. 그의 모습을 몇 번이나 카메라에 담으려고 했지만 하도 여기저기 뛰어다니는 통에 결국 사진은 찍지 못했다. 오죽하면 손님에게

서빙하느라 바쁜 그를 억지로라도 잠깐 붙잡아두고 싶은 심정이었다. 하지만 그의 일을 방해하고 싶지는 않았다. 어쩔 수 없이 먹고살기 위해 서비스업에 종사하는 수많은 중국의 웨이터들과는 달리 유럽의 그 웨이터는 일하는 내내 진심으로 자신의 일을 즐기고 있었다.

선진화된 국가, 특히 오랜 시간 산업문명을 겪으며 성장한 국가들에서는 한 가지 공통점을 발견할 수 있다. 자신의 일을 사랑하며, 맡은 바 책임을 다하겠다는 의식이 지극히 당연한 것으로 자리 잡았다는 사실이다.

어떻게 일하는가?

중국에서는 산자이山寨(모조품이나 가짜 상품)라는 단어를 'made in china'로 번역해야 한다고 비꼬는 네티즌도 있다. 지금의 중국 사회에서 만들어내는 제품의 '결함'이 그만큼 심각하기 짝이 없다는 비판인 셈이다. 멜라민이 함유된 유아용 분유, 인체에 해로운 호르몬으로 길러낸 가축 및 가금류, 기준치를 훌쩍 넘긴 과일 및 채소 내 잔류 농약, 사라지지 않는 건자재 내 포름알데히드, 명청明淸시대의 고가구로 탈바꿈한 싸구려 가구 등등. 이러한 문제는 단순히 표면적인 현상에만 국한된 '결함' 차원의 문제가 아니다. 결함은 단순한 도덕적인 해이도, 불필요한 낭비만도 아니다. 결함에는 우리가 짚어봐야 할 뿌리 깊은 문제가 있다.

본래 결함은 '부족함 혹은 완벽하지 않은 부분'을 의미한다. 과학기술 분야에서 말하는 결함의 정의를 보면 그 '외연外延'이 축소돼 있는데, 이를테면 '부품 및 규정된 요구 사항에 부합되지 않는 부분' 혹은 '특정 프로젝트를 추진하는 과정에서 소요되는 기능성의 한계로 프로젝트가 중단된 경우, 보다 세부적인 분석 결과에 따라 유지 · 보수 등의 여부를 결정한다'라고 말하는 것들이 그렇다.

결함缺陷에서 강조하는 것은 '결缺'이다. '결'은 부족, 불충분, 모자람, 불만족 등 만점에 조금 미치지 못하거나 간발의 차이로 100퍼센트를 달성하지 못한 것을 가리킨다고 볼 수 있다.

1960년대 초반 '세계 최고의 품질 경영대가'라고 불리는 필립 크로스비Philip B. Crosby는 자신의 책『품질 혁명Quality is free』을 통해 '무결점Zero defect[2]경영' 이론을 제시하며 센세이션을 일으킨 바 있다. 그가 제시한 무결점경영의 핵심은 다음과 같이 '1234의 원칙'으로 정리해 볼 수 있다.

❶ 1가지 핵심: 처음부터 제대로 일해라 DIRFT: Do it Right the First Time

❷ 2가지 기본 구성 요소: 유용성과 신뢰성

❸ 3가지 니즈: 고객 · 종업원 · 공급업체의 니즈

❹ 4가지 기본 원칙: 니즈를 만족시킬 수 있는 품질, 품질 향상을 가

능케 하는 예방 시스템, 무결점을 지향하는 업무 원칙, 품질을 바탕으로 하는 실적 평가

그리고 무결점경영의 구체적인 운용 방식은 아래 5가지 항목으로 정리할 수 있다.

❶ 기업은 시장과 소비자에게 결함이 있는 상품과 서비스를 제공해선 안 되며, 조직 내부의 모든 프로세스는 결함을 지닌 정책, 정보, 물자, 기술, 부품, 장비 등을 다음 단계로 전달해선 안 된다.

❷ 통제에서 벗어난 조직 내 허점을 제거하기 위해 모든 요소와 단계에서 반드시 경영 규칙을 세우고, 그에 맞춰 운영함으로써 주어진 역할에 따라 업무를 책임지도록 해야 한다.

❸ 시스템 내 모든 요소는 발생 가능한 오류나 착오에 대비해 반드시 사전 방지책을 세우고, 일처리 과정에서 생길 수 있는 문제를 즉각적으로 해결할 수 있는 대책을 마련해둠으로써 문제가 계속해서 발생하는 것을 막고, 이를 조속히 해결해야 한다.

❹ 사람에 대한 관리가 모든 경영 요소의 핵심이다. 상품, 일처리, 기업 경영에서 '완벽함'을 추구하려면 먼저 모든 작업 담당자가 피관리자가 되는 동시에 관리자가 돼야 한다. 기업은 시스템 조정 작업을 통해 작업 담당자의 자발적인 능동성을 이끌어내야 한다.

❺ 시장은 항상 변하기 마련이다. 소비자의 입맛 역시 시시각각 변한다. 기업의 모든 경영시스템은 시장 수요와 기업의 발전 상황에 따라 적절한 시기에 조정·개선돼야 한다. 그래야 탄력적으로 시장에서 포지션을 확보할 수 있을 뿐만 아니라 조직의 적응력과 응용력을 최적의 상태로 유지시킬 수 있다.

오늘날의 관점에서 봤을 때 이러한 개념 중에서 당연하지 않은 상식이 어디 있는가? 누구나 고개를 저절로 끄덕일 만큼 지극히 당연한 상식이다. 하지만 이 개념을 착실하게 수행하고 있는 기업이 과연 얼마나 될까?

무엇을 바꿔야 하는가?

경영에서 '사람'은 핵심 요소다. 사람은 조직 내 주체이며, 작업 담당자의 태도는 기술력보다 더 중요하다. 또한 작업 담당자의 자질이 향상됨에 따라 사전에 결함을 예방할 수 있고, 자발적으로 결함을 해결할 수 있다. 그럼 어떻게 해야 '무결점경영'을 실천할 수 있을까? 방법론적인 관점에서 이야기하면 공학工學 전공자는 작업 내 로봇 이용률을 확대하라는 의견을 제시할 것이다. 작업자 한 명을 고용하지 않는 대신 설비나 시설 구입에 비용을 투입하며 '인력을 위한 지출은 불필요하다'라는 정책 결정을 내릴지도 모른다. 프로그램을 배운 사람이라면 시스템 내 소프트웨어의 사용 범위를 확대하라는 의견을 내놓을 것이다. 사람 때문에 생기는 결함을 줄이기 위해서는 기계화된 프로그램과 고정된 매뉴얼의 감시하에서 철저하게 정해진 대로 일하도록 하는 것이 최선이라고 권할 것이다.

하지만 세상에서 가장 알 수 없고 복잡하기 짝이 없는 것이 바로 사람이다. 『서경書經』에서도 "인심人心은 오직 위태롭기만 하고, 도심道心(바른 길을 따르려는 마음)은 오직 미약하기만 하다"라고 했다. 기술이 제아무리 발전했다고 하더라도 사람의 참여 혹은 적극적인 주도 없이 기술은 발전할 수 없다. 사람의 생각이 변하지 못하면 모든 기술적 방법은 결국 아무짝에도 소용이 없다.

우리에게 주어진 최초의 과제는 '사람은 항상 잘못을 저지르기 마련'이라고 생각하는 인식을 부수는 일이다. 신이 아닌 이상 사람은 언제든지 실수할 수 있다는 '원죄론'의 영향으로 우리는 일하면서 생기는 온갖 실수와 잘못을 너무 쉽게 용서한다.

폭약을 생산하는 미국의 종합 화학회사 듀폰Dupont에서 불행한 사고가 발생하지 않은 이유에 대해 생각해본 적 있는가? 듀폰의 안전경영 수칙 중에서 가장 눈에 띄는 방침은 이사회와 사장단의 사무실을 모두 폭약고가 자리 잡은 건물 내에 배치한다는 규정이다. 이와 유사한 또 다른 사례로, 다음 이야기도 주목해볼 필요가 있다.

제2차 세계대전 당시 미국 군부와 낙하산 공급업체가 한 차례 만남을 가졌다. "우리 군에 납품할 낙하산은 반드시 100퍼센트 품질합격을 받은 제품이어야만 합니다."

"100퍼센트 품질합격이 가능한 제품은 그 어디에도 없습니다. 지금 우리 회사가 할 수 있는 것은 기준치에 미달하는 상품의 수를 1000분의 1 수준으로 낮추는 것뿐입니다. 이것만으로도 본사는 이미 최고 한계에 도전하고 있습니다."

"알겠습니다. 앞으로 진행될 품질검사는 1000개의 낙하산 중에서 임의로 하나를 골라 진행하겠습니다. 단, 당신네 책임자가 직접 낙하산을 두르고 뛰어내려야 할 것입니다!"

2009년 2월 산시山西 성 툰란屯蘭 광산에서 탄광 사고[3]가 발생했다. 무엇이 문제였을까? 사고가 발생한 지 이틀 째 되던 날, 나는 "광부의 생명은 성장省長, 시장의 생명과 똑같이 중요하다"라는 호소를 담은 '툰란 광산에 대한 기억'이라는 제목의 글을 급히 썼다. 그 내용 중 일부를 소개하면 아래와 같다.

탄광 작업반에서는 광산 총책임자에 해당하는 관리자를 갱도로 내려보내 당직을 서도록 해야 한다. 아무것도 하지 않고 그저 작업 현장에 있기만 해도 된다. 해당 광산에 세금을 징수하는 일급 정부에

서는 매달 부현장副縣長이나 부시장 이상 되는 서열의 지도자를 탄광
으로 보내 광부들과 함께 지내도록 해야 한다. 이때도 물론 아무것도
하지 않고 그저 탄광에서 광부들과 함께 있기만 하면 된다. 일급 이
상 되는 고위 지도자라면 매년 한 명씩 어두운 갱도에서 반나절 정도
머물도록 해야 한다.

모든 문제는 일을 제대로 해내지 못하는 게 아니라 제대로 일하지
않으려 하는 데에서 발생한다. 쑨중산孫中山[4] 선생의 말처럼 우리는
"일할 때 줄곧 적극적이지 않았다. 제대로 자리 잡지 못하면 행동하
지 않았고, 설사 자리 잡았다 하더라도 제대로 알지 못했다." 일을 대
하는 우리의 태도를 돌아보게 하는 말이다.

왕중추

'그저 그런 정도'로가 아니라 '퍼펙트워크'하라

1960년대 초반 '무결점' 이론을 제시하며 미국에서 '무결점운동'을 전개했던 필립 크로스비는 '세계 최고의 품질경영 대가', '무결점의 아버지'로 칭송받는다. 훗날 일본에 소개된 그의 무결점이론은 일본 내 제조업 분야에서 광범위하게 활용됐고, 그 후 전 세계로 전파뇌넌서 품질경영의 주요 이론으로 자리 잡았다.

우리가 이 책에서 말하고자 하는 '퍼펙트워크'는 '무결점경영'이 발전된 개념이다. 단지 기업의 경영시스템을 말하는 것이 아니라 시스템을 구성하고 있는 개인에 집중하는 것이며, 적용 대상을 생산 외에 행정, 서비스 등 각 부분으로 확대한 것이다.

'퍼펙트워크'는 '무결점'의 경지에 이를 만큼 '완벽'을 지향하는 일처리 방식을 의미한다. 우리가 적극적으로 주목해야 할 업무 개념이자 경영 방침이며, 완벽한 상품과 서비스를 제공할 수 있도록 처음부터 엄숙하고 진지한 태도를 유지하며 정확하게 일할 것을 강조하는 말이다.

그런 까닭에 '퍼펙트워크'를 평가하는 잣대는 '그저 그런 정도'가 아니라 '반드시 까다롭고 깐깐해야' 한다. 이는 곧 일처리 과정에 존재하는 모든 요구사항을 항상 만족시키겠다는 뜻으로, 어떤 결함이나 아쉬움도 남기지 않도록 처음부터 제대로 일하겠다는 확고한 결심을 담고 있다.

자사 제품이 100퍼센트 품질합격을 받을 수 있다고 확신하는 기업은 있을 수 없다거나 '완벽'을 불가능한 것으로 평가절하하거나 실현 가능성을 의심하는 사람도 있다. 대다수의 경영자 역시 실제 일처리 과정에서 발생하는 잘못이나 실수는 불가피한 것이며, 기업의 일상적인 경영 활동에서 일어나는 지극히 자연스러운 현상이라고 여긴다. '퍼펙트워크'의 핵심은 잘못이나 실수를 대하는 위와 같은 사람들의 생각을 바꿔 "처음부터 제대로 일하자"라고 주장하는 것이다. "잘못을 알고 능히 고칠 수 있다면 이보다 더 큰 착함은 없다"라는 전통적인 관념을 강조하는 것과 확연히 다르다.

내 아버지는 퇴직할 때까지 무려 40년 동안 우주항공시스템 분야에 종사했다. 40년이나 되는 긴 세월동안 한 분야에 몸담은 것만으로도 이미 대단한 일이지만 열악한 업무 환경 속에서도 한눈 팔지 않고 묵묵히 한 길을 걸어온 그 '뚝심'이야말로 절로 고개를 숙이게 할 만큼 위대한 것이라고 생각한다. 아버지 세대는 지금과 같은 높은 임금을 받지 못했다. 게다가 당시 우주항공 산업에 대한 지식이나 작업 환경이 전무했던 터라 말 그대로 맨바닥에 헤딩하듯 일에 뛰어들었기 때문에 고생도 이만저만이 아니었다. 걸핏하면 오지에 세워진 기지로 내려가 몇 개월 동안 일하거나 1~2년 동안 집에 돌아오지 않는 경우도 수두룩했다. 하지만 자신의 일에 최선을 다하는 아버지 세대의 성실함은 내게 특별한 의미로 다가온다. 우리는 바로 그 점을 배워야 한다. 성실하게 일하고 더 나은 결과를 얻기 위해 고군분투하는 노력의 땀방울을 말이다!

'퍼펙트워크'가 사회와 기업으로부터 인정받고, 업무 현장에서 기업과 개인이 지속적으로 추구해야 할 목표로 자리 잡기를 기대한다. 그럴 수 있을 것이라고 나는 확신하다.

주신위에

Perfect
work

제1장

퍼펙트워크의 정신
Perfectwork's Spirit

'완벽할 수는 없다' 는 사고방식부터 바꿔라

듀폰에 근무했던 한 여성 경영인은 이렇게 말했다.
"자신이 하는 일에서 월급봉투 외에는 아무것도
얻지 못하는 것이야말로 제일 안쓰러운 일이지요."
대다수의 사람은 아무런 생각 없이 그저 묵묵히 주어진 일만 할 줄 안다.
하지만 '퍼펙트워크'라는 목표를 세우고 삶의 뜨거운 열정을 쏟아붓는다면
자신의 존재감을 두 눈으로 직접 확인할 수 있을 뿐만 아니라
남에게도 자신의 가치를 분명하게 보여줄 수 있다.
그런 의미에서 부디 '대충대충'이라는 생각은 버리기 바란다.
자신을 라이벌 삼아 숨겨진 내면의 가치를 쉬지 않고 끄집어내라.
자신을 사랑하는 것처럼 자신의 일도 사랑하라.

테크닉이 문제가 아니라
태도가 문제다

업무를 대하는 당신의 태도는
해당 업무에 '그대로' 담겨서
그에 마땅한 결과를 당신에게 가져다준다.

개인이나 조직을 막론하고 성공적인 발전을 거두기 위해 가장 중요한 것이며 또 가장 주목해야 할 것은 '어떤 태도를 지녔는가'이다. 이러한 원칙은 퍼펙트워크에도 예외 없이 적용되는데, 필립 크로스비가 '무결점'의 대중화에 앞장서게 된 것도 태도의 변화를 촉구하기 위해서였다. 크로스비의 경력을 보면 그가 무결점운동을 전개하게 된 이유를 짐작할 수 있다.

의사 출신인 크로스비는 제2차 세계대전이 종식된 후 안정적인 생활을 보장해주는 일자리를 얻기 위해 동분서주하던 중, 미국의 제조업 붐을 타고 품질검사원[5]으로 취직하는 데 성공했다. 의사 출신이었던 크로스비는 품질검사 작업을 단순히 '검사'가 아니라 '진료'라는 관점에서 처리했는데, 업무 과정에서 그는 한 가지 사실을 발견했다. 품질검사원으로서 자신이 맡은 역할이 사실상 '소 잃고 외양간 고치는 식'처럼 문제가 생긴 이후에야 그 원인을 찾아내는 데만 그칠 뿐 그 이상의 해결책이나 개선책을 제시할 수 없다는 점이었다. 그는 의사로서의 경험에 비춰봤을 때 예방에 더 신경을 쓴다면 문제의 발생을 막을 수 있다고 생각했다.

얼마 뒤 크로스비는 한 매장에서 사원으로 일하게 되었는데, 이때의 경험으로 그는 현대적인 경영의 핵심을 배우고 사용자화Customization라는 개념을 응용하기 시작했다. 고객의 입장에서 생각하고 고객의 니즈를 이해해야만 고객의 발길을 다시 되돌리게 할 수 있다는 점을 깨달은 것이다.

훗날 마틴Martin에서 프로젝트 매니저로 일하게 된 크로스비는 한 가지 난감한 현상을 목격했다. 대부분의 사람이 '처음부터 똑 부러지게 일할 생각DIRFT: Do it Right the First Time'은 하지 않고 대충대충 얼버무리려 한다는 점이었다. 예를 들어, 시공 입찰서를 작성할 때 항상 재시공 기간을 염두해 공사 일정을 정한다는 점이 그러했다. 재시공 기간을 별도로 산정하는 사람들의 주장에 따르면 일부 작업의 경우 재시공이 필요하며, 5분 정도 늦는 것은 늦은 축에도 들지 않는다는 것이다. 심지어 많은 업체에서는 한 달 동안 직원 한 명이 쓸 수 있는 병가를 3일 이내로 규정하거나, 작업 중 상해 혹은 사망률을 1퍼센트로 정하기도 한다. 다시 말해서 작업 도중에 사람이 몇 명 다치거나 죽는 것은 정상적인 현상이며, 이러한 문제를 수용 가능하다고 처음부터 못 박고 있는 것이다. 그는 이러한 황당한 현상이 나타나게 된 원인은 '사람이 신이 아닌 이상 누구나 실수할 수 있다'라는 생각을 사람들 스스로 수용하고 있기 때문이라고 판단했다.

위에서 묘사한 것과 같은 일처리 방식과 태도로는 더 이상 시장의 수요를 따라갈 수 없다. 현대사회는 처음부터 제대로 하기를 원하고, 조그마한 실수도 쉽게 용납하지 않는다. 또한 개인과 기관이 시로 다른 잣대를 들이미는 현상도 원치 않는다.

퍼펙트워크는 다음과 같은 요소를 통해 구현될 수 있다. 첫째, 사전에 대비한다는 '예방'이라는 개념의 적용. 둘째, 사용자화를 기반에 둔 사고방식. 셋째, 기업가의 무한한 창의력과 과감하게 현실에 도전할 줄 아는 용기. 넷째, 고차원적인 전략적 사고.

퍼펙트워크를 판단하는 잣대는 '업무 과정 전반에서 발생하는 모든 요소를 항상 만족시키고 있는가?'이다. 스스로 자신의 신념을 지키는 것이 무엇보다 중요하다. 일처리 과정에서 니즈에 부합되지 않는 그 어떠한 상황에도 결코 타협하지 않겠다는 자세, 오류의 발생을 예방하는 데 최선을 다하겠다는 마음가짐이 절대적으로 필요한 것이다. 이러한 약속을 지킬 수 있다면 고객 입장에서는 니즈에 맞지 않는 상품이나 서비스를 받을 일이 결코 없을 것이다.

자신의 삶과 일을 사랑하는 사람만이 멋진 삶을 누릴 수 있다. 여기서 말하는 '사랑'이란 적극적으로 현실을 직시하며 더 높은 곳을 향해 나아갈 줄 아는 태도를 가리킨다. 적극적인 태도를 지닌 사람만이 일 속에서 즐거움을 찾을 수 있고, 나아가 일에서 발생하는 크고 작은 모든 문제에 적극적으로 대처함으로써 퍼펙트워크라는 목표에 도달할 수 있다.

업무를 대하는 당신의 태도는 해당 업무에 '그대로' 담겨 당신에게 그에 마땅한 결과를 가져다준다. 태도가 결과를 결정하는 것이다. 그러므로 지금까지 일을 '의무'로만 여겼다면, 이제는 평생 분투해야 할 궁극적인 '목표'로 여겨라.

대다수의 사람은 아무런 생각 없이 그저 묵묵히 주어진 일만 할 줄 안다. 하지만 퍼펙트워크라는 목표를 세우고 삶의 뜨거운 열정을 쏟아붓는다면 자신의 존재감을 두 눈으로 직접 확인할 수 있을 뿐만 아니라 남에게도 자신의 가치를 분명하게 보여줄 수 있다. 실제 우리 주변에는 평범하기 짝이 없는 자리에서도 열정적으로 일하거나 묵묵히 자신의 일에 최선을 다하는 이가 수두룩하다. 그들이 흘린 한 방울 한 방울의 땀은 생명의 '진주'로 재탄생해 오색찬란한 빛을 반짝반짝 내뿜고 있다. 제 삶, 제 목숨을 걸고 일에 매진하라. 일이야말로 진정한 존재 가치를 인정받을 수 있는 중요한 기반이다.

듀폰에서 근무하는 동안 수천 명의 직원을 고용했던 유명한 여성 경영인 에드나 칼Edna Carle은 이렇게 말했다. "수많은 젊은이가 진정으로 자신이 하고 싶은 것이 무엇인지 전혀 모르고 있다는 현실이야말로 세상에서 가장 비극적인 일이라고 생각합니다. 자신이 하는 일에서 월급봉투 외에 아무것도 얻지 못하는 것이 제일 안쓰러운 일이지요. 이런 문제를 가진 사람들이 우리 주변에는 수두룩합니다. 많은 사람이 미래에 대한 장밋빛 기대에 부풀어 야심만만하게 일을 시작하지만 마흔을 넘기면서 이룬 게 아무것도 없다는 사실을 불현듯 깨닫고 크게 절망하죠."

좋아하는 일을 하고 자신의 일에 모든 것을 쏟아부을 수 있다면, 다시 말해 퍼펙트워크가 자신의 일과 삶에 어떤 영향력을 발휘하는지 정확히 이해하고 뜨거운 열정과 흔들리지 않는 한결같은 자세로 일을 대한다면, 성장이라는 결과물은 물론 정신적인 만족도 얻을 수 있다.

그런 의미에서 부디 '대충대충'이라는 생각을 버리기 바란다. 퍼펙트워크를 현실로 만드는 일은 고된 데다 끝을 알 수 없는 일이기도 하다. 가슴 가득 뜨거운 열정을 품고 일에 매진하고, 자신을 라이벌 삼아 숨겨진 내면의 가치를 쉬지 않고 끄집어내라. 자신을 사랑하는 것처럼 자신의 일도 사랑하라. 그렇게 할 수 있다면 당신이 보여주는 사랑을, 당신의 일이 당신에게 똑같이 돌려줄 것이다.

회사를 속일 수는 있어도
자신을 속일 수는 없다

월등한 성과를 거둔 사람과 무난한 성적을 거둔 사람.

이들은 사실 비슷한 분량의 일을 한다.

다만 차이가 있다면 전자가 후자보다 조금 더 노력한다는 점이다.

마이크로소프트Microsoft Corporation, MS의 CEO인 빌 게이츠는 노력에 대해 이렇게 이야기한 적이 있다. "100퍼센트의 열정과 100퍼센트의 노력을 기울여야만 '제대로' 일할 수 있다. 99퍼센트가 아니라 100퍼센트를 해내라. 99와 100퍼센트의 차이는 겨우 1퍼센트. 별 차이가 없다고 함부로 넘겨짚지 마라. 1퍼센트에 불과한 작은 차이에는 일을 대하는 업무 스타일이 고스란히 담겨 있다. 1퍼센트의 차이로 당신의 인생은 전혀 다르게 바뀔 수 있다."

한 남자가 MS로 이직했다. 그는 세계적인 기업에서 일하게 된 자신을 무척이나 자랑스럽게 생각했다. 그로부터 한 달 뒤, 고객 열 명을 만난 그는 그중 다섯 명과 계약하는 데 성공했다. 좋은 실적을 올렸다고 여긴 직원은 빌 게이츠를 찾아가 자신만만하게 결과를 이야기했다. "사장님, 고객 열 명 중에 다섯 명으로부터 사인을 받아냈습니다."

빌 게이츠는 별 흥미 없다는 듯 어깨를 으쓱하며 말했다. "고객 열 명 중에서 다섯 명과 계약을 맺었다면 나머지 고객 다섯 명을 경쟁사에게 빼앗겼다는 뜻이군요."

빌 게이츠의 지적에 그는 아무 말도 못하고 사무실을 빠져나와 나머지 고객 다섯 명을 찾아갔다. 끈질긴 그의 권유와 설득에 그들도 MS와 거래하기로 결정했다.

당초 자신의 영업 대상이었던 고객 열 명과의 계약을 모두 성사시킨 직원은 다시 빌 게이츠를 찾아갔다. "사장님, 나머지 고객들을 만나 우리 회사의 고객으로 만드는 데 모두 성공했습니다. 드디어 100퍼센트 계약을 따냈습니다!"

하지만 빌 게이츠는 여전히 미동도 없는 눈치로 말했다. "여전히 시간을 낭비하고 있군요. 회사의 성장을 도와줄 새로운 고객, 열한 번째 고객은 어디 있나요?"

"네?" 빌 게이츠의 말에 그는 찬물을 뒤집어쓴 듯 정신이 번쩍 들었다. 다른 회사에서 잘나가던 자신이 MS에 입사한 후 두 번이나 사장에게 지적을 당하다니……. 하지만 그는 기죽지 않고 다음 달에 더 열심히 발품을 팔아 고객 열한 명을 찾았고, 끈질기게 설득한 끝에 모두 계약을 따는 데 성공했다. 이 정도라면 빌 게이츠도 분명 만족할 것이라고 생각한 그는 당당히 사장실 문을 두드렸다. "사장님, 이번에는 열한 명이나 되는 고객으로부터 모두 계약을 따냈습니다!"

"미안하지만, 다른 직원들은 열두 명도 넘는 고객을 발굴해 모두 계약을 따냈어요. 본사 전체 실적 중에서 당신이 최하위입니다."

빌 게이츠는 지위 고하를 막론하고 MS에서 근무하는 모든 직원에게 반드시 "자신의 자리에서 맡은 바 최선을 다하라"라고 강조했다. 현대 상업사회라는 거대한 틀 속에서 근로자에게 최선을 다해 일하라고 요구하는 것은 기업의 기본적인 요구사항일 뿐만 아니라 시장과 고객, 그리고 해당 근로자의 성장 등 다방면에 걸쳐 요구되는 필수사항이다. 직원 한 명의 태만, 나태, 무책임이 업무상의 과실을 유도해 기업 전체에 손실을 가져다줄 수 있기 때문이다. 뿐만 아니라, 기업 실적에 피해를 주면 결과적으로 해당 업무를 맡은 자기 자신에게도 결국 손실이다.

까다로운 문제로 골치를 앓던 직원이 있었다. 그는 나름대로 최선을 다해봤지만 도통 해결의 기미가 보이지 않자, 사장을 찾아가 도움을 청했다. 그런데 사장은 이렇게 말했다.

"자네 정말 최선을 다한 게 맞나? 우리 회사에 필요한 것은 직원들의 성실한 노력이라네. 핑계를 대든 거짓말을 하든 해서 나를 속일 수 있겠지만 자신을 속일 수는 없겠지. 가슴에 손을 얹고 한번 생각해보게. 정말 최선을 다했는지."

사장이 직원에게 이렇게 말할 수 있었던 것은 그 역시 한때는 직원과 같은 경험을 했기 때문이었다. 사장의 말에 직원은 다시 한 번 이를 악물고 노력했고, 그 결과 결국 정해진 시간 안에 문제를 해결할 수 있었다. 사실 그 직원은 '할 수 없었던 것'이 아니라, 일 때문에 자신의 개인적인 이익을 희생하지 않으려 했던 것이다.

미국의 저명한 재테크 전문가인 존 템플턴John Templeton은 오랜 연구를 통해 중요한 결론을 얻었다. "월등한 성과를 거둔 사람과 무난한 성적을 거둔 사람은 사실 비슷한 분량의 일을 한다. 다만 차이가 있다면 전자가 후자보다 조금 더 노력한다는 점이다. 하지만 바로 이 작은 차이가 성공과 실패라는 전혀 다른 결과를 가져온다." 주어진 일만 책임지고 해내는 사람은 기껏해야 일을 감당할 능력이 있다는 평가를 듣는 데 그치지만, 하루도 빠짐없이 공을 들여 일한 사람은 '훌륭하다'라는 소리를 듣게 된다.

퍼펙트워크의 관점에서 볼 때, 업무 태도와 업무 성과 간의 관계를 좀 더 명확하게 짚고 넘어가야 할 필요가 있는 듯하다. 양적인 면에서 무조건 더 열심히 일한다고 해서 더 많은 결과를 얻을 수 있는 것이 아니다. 일을 완벽하게 해내기 위해 노력하고 퍼펙트워크를 실천하려 애쓸 때 얻게 되는 성과야말로 비약적인 질적 성장을 거듭한 결과라 할 수 있다.

이런 이유에서 일은 '힘닿는 만큼', '나름대로'가 아니라 '전력을 기울여야' 하는 것이다. 최선을 다하지 않아 발생하는 작은 문제 때문에 힘들게 생산한 제품이나 서비스가 '퇴짜'를 맞을 수 있다. 이 문제는 고객, 사장, 직장 동료에게 부정적인 영향을 줄 수 있고 결국 당신의 미래에 커다란 걸림돌로 작용할 수 있다.

지금 하고 있는 일에서 좀 더 두각을 드러내고 싶은가? 그렇다면 방법은 하나다. 바로 자신이 가진 모든 것을 걸고 일에 내달리는 것이다. 하지만 유감스럽게도 많은 사람이 그렇게 생각하지 않는다. 지금 회사는 제 것이 아니라 남의 것이고, 자신은 그저 사장 밑에서 일하는 월급쟁이라는 생각에 '다른 사람' 좋은 일 시킬 필요 없다며 '적당히' 일한다. 하지만 이들이 모르는 사실이 하나 있다. 바로 이러한 태도가 상품의 결함을 유발하고 나아가 상품을 다루는 자신에게도 '결함'을 남긴다는 것 말이다.

자신이 가진 모든 것을 걸고 주어진 요구에 따라 업무 성과를 내도록 최선을 다한다면 언젠가 노력에 따른 만족스러운 결과를 보상받을 수 있을 것이다. 자신의 능력을 키울 수 있는 최선의 방법은 조금 더 완벽을 위해 노력하는 것이다. 너무 평범한 말로 들리겠지만 그것이 진리다.

일에 대한 애정은
전제조건이자 필수조건이다

어떤 일을 자신의 능력 안에서 할 수 있는가의 여부는 스스로 결정할 수 없다.
하지만 그 일을 기꺼이 하려 할 것인가의 여부는
선택할 수 있는 일인 동시에 가장 먼저 선택해야 하는 문제다.

퍼펙트워크를 충분히 수행할 수 있는 '실천가'가 되기 위해 반드시 필요한 태도 중 하나는 바로 자신의 일에 자긍심과 애착을 갖는 것이다. 그 까닭은 무엇일까? 자신이 하고 있는 일에 각별한 애정과 투철한 책임감을 가진 사람만이 다람쥐 쳇바퀴 돌듯 반복되는 일상과 지루한 업무에서 즐거움을 찾고 자신의 열정을 쏟아부어 주어진 일을 완벽하게 완수할 수 있기 때문이다.

일에 대한 자긍심은 명확한 목표, 때 묻지 않은 순수한 가치관, 사적인 이익도 잊게 할 만한 즐거움, 진지하고 책임 있는 태도를 갖고 자신에게 주어진 일에 매진할 때 비로소 드러나는 개인적인 자질이다. 자신에게 주어진 업무를 제대로 해내기 위한 전제조건이자 필수조건이 바로 일에 대한 강한 자긍심이다.

표면적으로 볼 때 기업과 근로자는 맞은편에 서서 바라보고 있는 듯하지만, 좀 더 장기적인 안목으로 바라보면 의외의 사실을 발견할 수 있다. 기업과 근로자는 서로 마주 보고 있는 것이 아니라, 같은 위치에 서서 '하나의 존재'로 조화를 이루며 통합되고 있다는 점이다. 물질적인 보상과 정신적인 만족을 원하는 근로자에게는 기업이 제공하는 업무 환경이 필요하다. 근로자의 사명감과 기업에 대한 충성은 기업의 생존과 발전을 가능케 하는 기반이며, 기업의 생존과 발전은 근로자에게 물질적 보상과 정신적인 성과를 제공할 수 있는 토대다.

충성도는 직장에서 가장 강조되는 미덕이다. 기업에서 일하는 모든 업무 담당자가 회사에 충성을 다해야만 제대로 된 시너지를 발휘할 수 있기 때문이다. 기업 전체가 하나로 똘똘 뭉쳐 최선을 다한다면 성공도 그리 막연한 존재만은 아닐 것이다. 소수의 근로자가 능력과 지혜를 제공하고, 다수의 근로자가 충성과 성실을 약속한다면 해당 기업은 온전하게 생존할 수 있다.

자신의 생존 혹은 생계를 의존하고 있는 집단에 충실하지 않으면 스스로 아무런 의미도 찾지 못한다. 무슨 직업이든 일단 선택한 이상

자긍심을 갖는 것이 현명한 것이다. 직업은 선택 가능하지만 일에 대한 애착 혹은 자긍심은 선택 차원의 문제가 아니다. 일에 대한 강한 애착과 자부심, 사명감은 일을 대하는 근로자의 태도, 서비스 정신, 책임감을 반영한다. 어느 곳에서 일하고 있든 직업을 가진 사람이라면 반드시 갖춰야 할 소양인 것이다.

GEGeneral Electric의 전 CEO 잭 웰치John Frances Welch는 일을 감당할 만한 충분한 능력을 가지고 있으면서도 소극적으로 행동하거나 태만한 근로자를 발견하면 두 번 생각할 것도 없이 해고한다고 이야기했다. 기업에서 원하는 최고의 인재는 어떤 사람인가? 바로 주어진 일을 충분히 감당할 수 있는 인재다. 여기서 말하는 '일을 감당할 수 있다'의 뜻은 단순히 업무적인 능력만을 가리키지 않는다. 일에 대한 책임감, 양심의 문제를 강조하는 말이기도 한 것이다. 각자에게 맡겨진 일은 어쩌면 대단히 전문적인 스킬을 필요로 하지 않을 수도 있다. 그저 일에 대한 뜨거운 열정과 진지한 태도, 적극적인 향상심이 필요할 뿐이다.

나는 인재 관리의 문제에 대해 업계 여러 지인과 종종 이야기를 나누는데, 그들의 이야기에선 늘 한 가지 공통점을 발견할 수 있다. 학력, 전문 스킬, 혹은 월등한 실력을 보유한 인재는 발전 가능성이 상당히 크지만, 그중 일부는 열정을 잃고 구렁이 담 넘듯 대강대강 일을 처리하는 바람에 주어진 일을 제대로 해내지 못하고 결국 해고된다는 것이다. 다음의 이야기에 나오는 한 현자의 지혜를 음미해보자.

제齊나라 선왕宣王이 천하를 돌며 학설을 설파하고 있던 맹자孟子를 접견했다. 선왕 앞으로 불려간 맹자가 조용히 입을 열었다. "어떤 사람이 자신은 삼천 근이나 되는 물건을 들 수 있다고 하면서, 정작 새털 하나도 들지 못했습니다. 또한 가을 털갈이를 한 새의 가는 털까지 볼 수 있을 만큼 제 시력이 좋다고 하면서 나무로 만든 수레를 볼 수 없다고 한다면 대왕께서는 그 말을 믿으실 수 있겠습니까?"

"어찌 그런 자의 말을 믿을 수 있겠소?"

"그렇습니다. 새털 하나 들지 못하는 것은 사실 들지 못하는 것이 아니라 들지 않는 것이고, 나무 수레를 볼 수 없다는 것은 스스로 눈을 감았기 때문에 그런 것입니다. 할 수 없는 것이 아니라 하지 않는 것이지요."

"오호? 그렇다면 할 수 없는 것과 하지 않는 것을 어찌 구별할 수 있단 말이오?"

"태산泰山을 품고, 북해北海를 뛰어넘는 일은 할 수 없는 것입니다. 하지만 언덕길에서 힘없는 노인이 비틀거리는 것을 보고도 나뭇가지를 꺾어 지팡이로 만들어주려 하지 않는다면 그것은 하지 않으려 하는 것입니다."

『맹자』의 「양혜왕장구梁惠王章句」에 등장하는 이 이야기는 우리에게 '할 수 없는 것'과 '하지 않으려는 것'의 차이를 쉽게 설명해준다. 많은 사람이 일상적인 업무를 하는 동안 다양한 문제에 직면한다. 매순간 자신이 감당할 수 있는 일인지, 혹은 자신의 능력 밖의 일인지 스스로 결정할 수는 없다. 하지만 그 일을 기꺼이 하려 할 것인가의 여부는 일의 당사자가 선택할 수 있는 일인 동시에 가장 먼저 선택해야 하는 문제다.

자신이 지닌 능력의 한계로 주어진 일을 할 수 없다면 어쩔 수 없는 것이다. 하지만 하고자 하는 의지만 있다면 학습, 연구를 통해 불가능할 것처럼 보였던 일도 충분히 해낼 수 있다. 반면 일을 감당할 만큼 충분한 능력을 가지고 있으면서도 그 일을 하지 않으려 한다면 일이 제대로 마무리될 리는 결코 없다.

패트릭 피셔는 매일 산더미처럼 쌓인 못에 '박혀' 살고 있었다. 못 깎는 기계를 관리하는 그는 아침부터 저녁까지 온종일 못을 만지며 살아야 했다. 그에게 못에 둘러싸인 일상은 다람쥐 쳇바퀴 돌듯 무척이나 지루하기 짝이 없는 시간의 연속이었다. "세상이 이렇게 큰데 내 인생은 조그만 작업실에서 끝나는 것이 아닐까? 하루가 멀다고 날마다 신제품이 쏟아지는 마당에 평생 못만 만지다 죽는 것은 아닐까?"

피셔의 동료는 그의 이야기에 공감하며 지금 하고 있는 일에 흥미를 잃기 시작했다. 그런 동료를 보며 피셔는 지금의 문제가 비단 자신의 문제만은 아니라고 확신했다. '일을 재미있는 게임으로 바꿀 수 있는 방법이 없을까?' 피셔는 무료한 지금의 일에서 정신적인 만족이나 보람을 느끼고, 일하는 즐거움을 얻을 수 있는 방법을 고민하기 시작했다.

"나랑 내기 하나 하지 않을래? 자네는 못의 겉면을 반질반질하게 가는 기계로 못을 다듬고 나는 내 기계로 못을 깎을 테니 빨리 일을 끝내는 쪽이 이기는 걸로 하자고!" 피셔의 이야기에 흥미를 보인 동료들은 자신의 승리를 장담하며 내기에서 이길 방법을 고민하기 시작했다. 내기에서 이기기 위해 동료들은 시간 가는 줄 모르고 저마다의 노하우 개발에 몰두했다.

이 내기를 통해 피셔를 비롯한 여러 동료는 뜻밖의 사실을 발견했다. 내기에서 이기겠다는 생각에 평소 지겹기만 했던 일도 재밌게 느껴졌고 업무 효율도 두 배나 상승한 것이다. 실적이 향상되자 피셔와 동료는 사장으로부터 칭찬을 받았을 뿐만 아니라 얼마 뒤에는 승진하게 되는 기쁨도 누릴 수 있었다. 그로부터 몇 년이 지난 후, 휴스턴 기계 제조공장의 공장장 피셔는 동종 업계에서 가장 존경받는 기술자가 되었다.

평소 지겹다고 느끼던 일도 관점을 바꿔보면 의외의 재미가 숨어 있다는 것을 발견할 수 있다. 자신에게 주어진 일에 애정과 자부심을 가질 수 있다면, 그리고 이를 기업이 하나의 기업 문화로 만들고 존중해줄 수 있다면 퍼펙트워크를 실현할 수 있다.

무려 20여 년 동안 교정 업무를 담당하던 나이 지긋하신 편집장님이 들려주신 이야기가 새삼 기억난다. "교정 일이라는 게 무척 따분하고 재미없지. 웬만한 인내심을 가진 사람이라도 얼마 못 가 금방 질리고 말걸? 나 역시 비슷했지. 월급을 받으려면 어쩔 수 없다며 울며 겨자 먹기로 일했는데, 어느 순간부터인가 원고에서 오자를 발견하고 나면 언제 그랬느냐는 듯 원고를 보는 내 눈빛이 달라지더라고." 원고에서 문제를 발견하고 틀린 곳을 수정하는 일에서 흥미를 느끼도록 자신을 독려했다던 편집장님은 원고에 오자가 적으면 적을수록 오히려 원고를 살피는 눈길이 더욱 매서워지는 자신을 발견할 수 있었다고 회고했다. 그러다 보니 보통 사람이라면 아무렇지도 않게 넘길 수 있는 오자나 탈자도 한눈에 찾아낼 수 있는 '달인'이 된 것이다.

어떤 일을 하든, 어떤 자리에 있든 일은 때로 재미없고 따분한 작업을 수반하기 마련이다. 일이 자신에게 맞지 않는다는 사람을 자세히 살펴보면 사실 문제의 원인이 당사자에게 있는 경우가 많다. 일하려 하지 않는 사람에게 일은 삶의 즐거움이 아니라 끔찍한 고역일 뿐이다. 불행하게도 이런 곤경에 빠졌다면 수단, 방법 가리지 말고 극복하기 위해 애써야 한다. 일에서 아무런 재미도, 보람도 느낄 수 없다면 살아 있다는 즐거움을 어찌 느낄 수 있겠는가!

평범한 자리에서도
평범하지 않은 성과를 올릴 수 있다

매일 자신의 주변에서 일어나는 일을
성실한 자세로 대하고 이를 지속적으로 유지하는 것은
결코 사소한 일이 아니다.

성공을 꿈꾸지 않는 사람은 없을 것이다. 여기서 말하는 성공은 비단 일적인 성공만을 뜻하는 건 아니다. 연인 혹은 친구나 직장동료 같은 인간관계, 행복한 가정을 일구는 것도 성공에 포함된다. 하지만 문제는 그저 '원하기만' 해서는 아무것도 얻을 수 없다는 점이다. 성공을 꿈꾼다면 반드시 직접 행동으로 옮길 줄 알아야 한다. 물론 무조건 자리를 박차고 나서는 게 능사는 아니다.

어떤 습관이나 태도를 지녔느냐에 따라 삶과 최종 목표가 달라질 수 있다. 결론적으로 이야기해서 열심히 일하고 매사에 진지한 태도를 잃지 않는 사람만이 궁극적으로 성공가도를 달릴 수 있다. 실제로 우리 주변에선 그런 사례를 어렵지 않게 찾아볼 수 있다. 멀리 갈 것 없이 골목 귀퉁이에 있는 작은 가게에서 일하는 가게 주인 혹은 점원을 살펴보자. 가게 앞은 깨끗한가? 가게 안에 상품이 가지런히 진열됐는가? 별것 아닌 것에서 일을 대하는 사람의 태도를 읽을 수 있다. 손님들이 오갈 가게 앞이 깨끗하게 치워지지 않았다거나 상품이 가지런히 정돈되지 않았다면 가게 주인이 성실하지 못한 태도로 일하고 있다는 뜻이다.

일을 설렁설렁 때우거나 실수를 밥 먹듯 저지르는 이들이 많다. 일에 대한 진지하고 성실한 자세가 부족하다면 제대로 해낼 수 없는 건 당연한 일이다. 여러 사람에게 재촉당하거나 다른 사람보다 더 많은 시간을 들여야 간신히 일을 마칠 것이다. 일을 마진 후에도 문제점이 발견될 것이고, 계속해서 문제를 수정하느라 귀한 시간과 에너지를 쏟아야 할 것이다. 반대로 일에 대해 언제나 진지하고 성실한 태도를 갖는 이들도 있다. 그런 사람들은 반드시 그에 걸맞은 수확을 얻게 된다. 이를 그저 우연이라고 평가절하해서는 안 된다.

중국의 '우체부 프레드'라 불리는 집배원이 있었다. 선전深圳 우체국 핑후平湖 지국에서 근무하고 있는 루만탕路滿堂은 평범한 자리에서 일하고 있었지만 결코 평범하지 않는 성과를 올렸다. 2005년 '중국 우정 당국이 선정한 모범 집배원 100인'에 선발되는 영광을 차지한 것이다. 당시 스물일곱 살이었던 루만탕은 지난 10년 동안 거친 비바람을 맞으며 핑후의 크고 작은 골목을 부지런히 누비고 다녔다. 그가 누빈 거리는 자그마치 20만 킬로미터로 지구 다섯 바퀴를 도는 것과 맞먹는 거리다. 루만탕은 무려 130만 개의 우편물을 착오 없이 배송했을 뿐만 아니라 220개나 되는 '주인 없는' 우편물을 일일이 발품 팔아 수신자에게 전해주며 고객으로부터 커다란 호평을 받았다.

루만탕이 담당하고 있는 지역은 서비스 반경이 넓고 업무 강도도 세기로 유명한 곳이었다. 게다가 골목 구석구석을 게딱지만 한 집들이 다닥다닥 채우고 있어 제대로 된 주소지를 찾기란 결코 쉬운 일이 아니었다. 규정에 따라 매일 두 차례 배송 업무에 나섰던 루만탕은 왕복으로 약 90킬로미터에 상당하는 거리를 누비며 하루 평균 약 600여 개의 우편물을 배송했다.

루만탕이 중국 정부에서 인정한 모범 집배원이 될 수 있었던 것은 일을 대하는 그의 성실한 태도 덕분이었다. 그가 담당하고 있는 지역의 경우 여타 지역보다 지방에서 올라온 농촌 출신 노동자가 많이 거주하는 편으로, 대부분이 7~8층짜리 건물이었다. 심지어 일부 건물의 경우, 지역 안전을 책임지고 있는 방범대조차 정확한 소재지를 모르는 곳도 있었다. 상황이 그러하다 보니 우편함은 물론 엘리베이터조차 없기 일쑤였다. 정확한 배송과 고객의 편의를 위해 루만탕은 무거운 가방을 등에 직접 짊어지고 건물을 걸어 올라갔다. 수신자가 부재한 경우, 우편물이 수신자 앞으로 정확하게 전달될 때까지 몇 번이고 똑같은 집을 방문하기도 했다.

루만탕에게 자신의 배달가방에 담긴 우편물은 하나같이 소중한 존재였다. 루만탕은 우편물을 빠르고 정확하고 안전하게, 그리고 수신자가 편하게 받아볼 수 있도록 하기 위해 업무에 나서기 전에 반드시 세 가지 사항을 '미리 확인'했다. 첫째, 기상 예보를 미리 확인해 눈이나 비에 대비한다. 둘째, 배달차량을 미리 확인해 유지 · 관리한다. 셋째, 배달가방 안에 영수증과 각종 도구가 제대로 준비돼 있는지 미리 확인한다.

그리고 우편물을 배송할 때는 반드시 세 가지 사항을 스스로 '약속'했다. 첫째, 정시에 우편물을 배송한다. 둘째, 적혀 있는 인명이나 주소지대로 배송한다. 셋째, 파손되는 일 없이 우편물을 제대로 배송한다.

업무를 마치고 우체국으로 돌아올 때도 루만탕은 세 가지 사항을 꼼꼼히 따지며 '정리'했다. 첫째, 객관적인 원인으로 배송되지 못한 우편물을 정리한다. 둘째, 고객 의견이나 건의를 정리한다. 셋째, 고객의 주소지가 변경됐을 경우 그 내용을 정리한다.

우편물을 배달하느라 바쁜 외중에도 루만탕은 자신이 담당하고 있는 지역의 거리 이름, 재건축된 건물의 옛 이름과 새로운 이름, 실시간 고객 정보 등을 틈틈이 확인했다. 핑후 지역의 도시 건설이 빠르게 진행되고 있는 탓에 하루가 다르게 수많은 신규 주택이나 건축물이 들어섰기 때문이다. 게다가 주소지조차 제대로 달지 못한 영세 공장이 늘어나면서 우편물 배달 작업이 점점 어려워지기 시작했다. 원래 주소지가 정확하게 기재되지 않았거나 수신자의 이름이 다른 '미확인 우편물'의 경우, 규정에 따라 발신자에게 반송돼야 하지만 루만탕은 함부로 반송하지 않고 어떻게 해서든 수신자에게 우편물을 전달하려 노력했다. 이를 위해서 때론 집집마다 돌아다니며 발품을 팔거나 동네 사람을 붙잡고 일일이 물어보기도 했다. 그의 노력 덕분에 하마터면 '사라질 수도 있었던 죽은 우편물'이 '부활'할 수 있었다.

주어진 일에 최선을 다하는 성실한 태도는 작은 것에서부터 의식적으로 갖도록 해야 한다. 정시에 제대로 출근하고, 걸려오는 전화를 성실하게 받는다. 꼼꼼하게 상사에게 업무 상황을 보고하고, 고객을 맞을 준비에 열과 성을 다한다. 업무에 관한 고객과의 소통에도 적극적으로 나선다.

이렇게 매일 자신의 주변에서 일어나는 일을 성실한 자세로 대하고 이를 지속적으로 유지하는 것은 결코 사소한 일이 아니다. 성실함을 갖춰야 더 많은 업무를 해낼 수 있는 더 많은 시간을 얻게 될 것이고, 더 많은 인생 목표를 이룰 수 있는 능력도 키울 수 있다.

주어진 일을 성실하게 대하고 있는지 스스로 돌아보라. 이를테면 직장이나 일상생활에서 대수롭지 않은 작은 실수를 계속해서 반복하고 있지 않은지 나름의 방식으로 체크해보는 것이다. 물건을 자주 잃어버리는가? 고객과의 만남에서 보여줄 파일을 제대로 다 챙겼는가? 정해진 시간 안에 주어진 일을 제대로 끝냈는가? 한 번에 일을 마치는 편인가? 똑같은 일을 여러 번 되풀이하지는 않는가? 한 가지 문제를 놓고 여러 번 씨름하지 않는가? 이러한 현상을 자신에게서 발견했다면 일을 대하는 당신의 현재 태도를 바로잡을 필요가 있다. 문제를 발견했다면 즉시 고쳐야 한다. 성실한 일처리 태도를 갖추는 것이야말로 퍼펙트워크를 처음부터 실천할 수 있는 최선책이다.

성실한 태도는 무척 쉽고 단순한 것이다. 누구나 실천할 수 있다. 처음부터 대단한 일에 덤벼들 필요는 없다. 주변에 있는 삭은 것부터 꼼꼼하게 처리하고, 일처리에 따른 결과물을 세심하게 살핀다면 비록 더디더라도 꾸준히 발전하고 있는 자신을 발견할 수 있을 것이다. 그렇게 되면 나와 무관할 것 같았던 성공도 어느새 내 손에 쥐어져 있다는 것을 깨닫게 될 것이다.

'대충 씨'가 되지 말고
디테일해져라

우리는 모두 완벽한 결말을 꿈꾼다.
그런데 일을 끝내는 데 급급한 나머지
완벽하지 못한 결과를 얻은 후에야 비로소 후회를 한다.

후쓰胡適[6]가 『차부뚜어선생전差不多先生傳』에서 묘사한 '대인배 대충 씨'의 삶을 한번 들여다보자.

대인배 대충 씨가 항상 입에 달고 사는 말이 있다. "무슨 일이든 그냥 대충대충 해도 돼. 뭐하러 힘들게 살아?"

어린 시절, 황설탕을 사오라는 엄마의 심부름에 대충 씨는 백설탕을 사가지고 돌아왔다. 엉뚱한 것을 사왔다는 엄마의 꾸중에 대충 씨는 대수롭지 않다는 듯 어깨를 으쓱였다. "황설탕이든 백설탕이든 달기만 하면 된 거 아니에요? 다 거기서 거기지."

학창 시절, 즈리直隸 성 서쪽에 있는 성이 어디냐는 선생님의 질문에 대충 씨는 '산시陝西'라고 대답했다.

"틀렸어. 산시가 아니라 산시山西란다."

"얼핏 들으면 비슷한데 다 거기서 거기 아니에요?"

학교를 졸업하고 가게에서 일하게 된 대충 씨는 글을 쓸 줄도 알고 셈도 할 수 있었지만 덜렁거린다는 게 늘 문제였다. 걸핏하면 숫자 '십十'을 '천千'으로 쓰거나, 숫자 '천'을 '십'으로 쓰기 일쑤였다. 가게 주인은 그런 대충 씨를 무척 못마땅하게 여겨 걸핏하면 야단치곤 했다. 그럴 때마다 대충 씨는 눈치를 살피며 조심스레 입을 열었다.

"천이 십보다 획순이 하나 더 있긴 하지만 대충 비슷하지 않나요?"

어느 날 중요한 일로 상하이에 출장을 가야 할 일이 생긴 대충 씨가 기차역을 찾았다. 여유로운 마음으로 역에 도착했지만 이미 출발 시간을 2분 넘긴 시점이었다. 예정된 시간에 상하이로 떠나는 기차에서 뿜어져 나오는 연기를 바라보던 대충 씨가 할 수 없다는 듯 발길을 돌렸다. "이렇게 되었으니 내일 갈 수밖에……. 오늘 가나 내일 가나 별 차이 없으니 문제 될 게 있으려고? 근데 사람들도 참 답답하네. 8시 30분에 출발하나 8시 32분에 출발하나 다 거기서 거기인데."

기차가 겨우 몇 분 더 기다리지 못하고 정각에 떠났다는 사실을 이해할 수 없다며 대충 씨는 작게 투덜거렸다. 내일 출발해도 괜찮을 것이라는 생각에 대충 씨는 여유롭게 집으로 발걸음을 옮겼다.

그러던 어느 날, 갑자기 병에 걸린 대충 씨는 식구들에게 동가東街에 있는 닥터 왕王을 찾아오라고 했다. 몹시도 괴로워하는 대충 씨의 모습에 애가 탄 식구들은 동가의 닥터 왕이 아니라 엉뚱하게도 서가西街에 사는 수의사 왕汪을 데리고 왔다. 병상에 누워 있던 대충 씨는 식구들이 엉뚱한 사람을 데리고 왔다는 것을 알았지만 너무 아파서 어떻게든 빨리 낫고 싶다는 생각에 왕王을 기다리지 않고 그냥 수의사 왕汪에게 치료를 받기로 했다. '그나마 두 사람의 성이 비슷하니 다행이네. 성도 비슷한데 한번 믿어봐도 되겠지.' 병상으로 다가온 수의사 왕은 병든 소를 치료했던 것처럼 대충 씨의 몸 이곳저곳을 살피기 시작했다. 하지만 그로부터 한 시간도 채 되지 않아, 대충 씨의 병세는 오히려 악화됐다. 평소 '여유만만'하던 대충 씨는 갑자기 심하게 숨을 헐떡거리기 시작했다. 대충 씨가 '대충' 죽을 때에 이른 것이다. 그는 가쁜 숨을 몰아쉬며 말했다.

"죽나 사나 다…… 다 거기서 거기지…… 무슨 일이든 그냥 대…… 대충대충 하지…… 뭐하러 굳이…… 굳이 힘들게 살겠어?"

말을 마치자마자 대충 씨의 숨이 끊어졌다. 그 후 주변 사람들은 한평생 느긋하게 살았던 대충 씨를 대인배라고 치켜세우더니, 그에게 '원통대사圓通大師'라는 사후 법호法號를 지어줬다.

‘대충 씨’의 이미지를 무척이나 생동감 있게 묘사한 이 이야기는 다소 과장된 감이 없지 않지만 우리로 하여금 평소 일을 대하는 자신의 모습을 되돌아보게 한다.

사실 우리 주변에는 순간의 위기나 눈앞에 벌어진 문제를 해결하는 데만 급급한 나머지 섬세하게 문제를 바라보지 못하는 사람이 분명 존재한다. 일이나 학업, 가정, 인간관계 등에서 무성의한 태도는 대수롭지 않게 보인다 해도 계속 방치하면 심각한 문제로 발전할 수 있다.

큰 성과를 얻고 싶다면 작은 일 하나도 허투루 지나치지 마라. 사소한 것 하나하나에도 최선을 다해야만 상사나 주변으로부터 인정받고 더 많은 발전 기회를 얻을 수 있다. ‘섬세함’이라는 것은 어떤 의미에서 새로운 기회를 만들어내는 ‘창조’이자, 더 큰 기회를 제공해주는 ‘효력’이다.

업무상 나타나는 많은 문제는 작은 부분인 것처럼 보여도 실은 빙산의 일각처럼 보이지 않는 곳에 커다란 문제를 숨기고 있다. 과정에서 문제가 발생하면 업무 전체가 매끄럽게 진행되기는 어렵다. 지금부터라도 일과 관련된 모든 사항을 섬세하게 살피도록 노력하라.

패션회사에 근무 중인 한 직원이 다방면에 걸친 연구 끝에 최고급 양가죽을 이용한 상품을 제작하는 데 성공했다. 가죽 생산업체와 계약서를 작성할 때 직원은 '장당 크기가 44제곱센티미터 이상 & 흠집 난 제품은 허용 안 됨'이라는 항목에 서명했다. 여기서 주목할 것은 자그마한 문장 부호 '&'이다. 회사에서 요구한 조건은 '44제곱센티미터 이상이어야 하고, 흠집 난 제품은 허용하지 않는다'는 것이지만, 서명한 항목의 내용은 보기에 따라 '44제곱센티미터 이상의 흠집 난 제품은 허용 안 됨'으로 해석될 여지가 있었기 때문이다. 실제로 이 점을 악용한 생산업체는 44제곱센티미터보다 작은 사이즈의 흠집 없는 양가죽을 납품했다. 문장 부호 하나를 잘못 쓴 까닭에 담당자는 거액의 비용을 공중으로 날려버렸다. 그 상황에서 담당자가 할 수 있는 것이라고는 억울한 마음에 그저 발만 동동 구르는 일이었다.

사람이 하는 모든 일은 작은 일 하나하나가 모여 이뤄지는 것이다. 작은 일이지만 제대로 해낸다면 투철한 책임감을 보여줄 수 있다는 점에서 일에는 큰일, 작은 일 구별이 없다. 그저 모든 일을 진지하고 꼼꼼하게 대하는 자세만 필요할 뿐이다. 제아무리 큰일도 주어진 역할과 자리에 따라 최선을 다하는 것에서부터 시작하는 것이며, 또 작은 일에도 소홀하지 않고 진지하게 임하는 사람만이 큰일을 완벽하게 해낼 수 있는 법이다.

평소 힘든 훈련을 받던 마라톤 선수가 있었다. 몇 차례에 걸쳐 치러진 테스트에서 제법 만족스러운 결과를 얻은 그는 분명 좋은 성적을 얻을 것이라고 확신하며 경기가 열리는 당일에 자신만만하게 출발선에 섰다. '탕' 하며 출발을 알리는 총소리와 함께 앞으로 달려 나간 그는 선두 그룹에 위치하며 잘 달렸다.

얼마 뒤 모래밭에 다다르자 선수들의 운동화 안으로 모래가 들어가기 시작했다. 선수들은 저마다 운동화를 벗고 모래를 털어내기에 바빴다. 주인공 역시 다른 선수들처럼 모래를 털어냈는데 조금이라도 지체하면 뒤처지게 될까 봐 조급했다. 그는 최대한 재빨리 운동화를 털어 다시 신고는 앞으로 내달렸다. 그런데 얼마 지나지 않아 문제가 생겼다. 뛰면 뛸수록 발이 아파왔고, 시간이 지날수록 통증은 심해져갔다. 결국 마지막 한 바퀴를 남겨두고 주인공은 트랙 위에 멈춰서고 말았다. 그는 고통스러운 마음으로 운동화를 벗었고, 운동화 안에서는 모래 알갱이가 또르르 굴러 떨어졌다. 기껏해야 모래알일 뿐인데 그게 발을 파고들어 발바닥 전체를 피범벅으로 만든 것이다.

경기 내내 선두 그룹을 유지했던 그는 결승선까지 단 한 바퀴밖에 남겨놓지 않은 상황에서 포기할 수밖에 없었다. 트랙에서 벗어나 운동장을 절뚝거리며 걷던 그는 당초 자신보다 훨씬 뒤처졌던 선수들이 한 명씩 자신을 제치고 달려나가는 모습을 말없이 지켜봐야 했다.

우리는 모두 완벽한 결말을 꿈꾼다. 마라톤 선수가 운동화를 벗어

그 안에 든 모래를 털어낼 때 조금 더 인내심을 가지고 모래를 제대로 털어냈다면 결코 후회스러운 경기를 치르지는 않았을 것이다. 하지만 일을 얼른 끝내는 데만 정신이 팔린 나머지 모래를 제대로 털어내지 않아 평생 한이 될 경기를 치르고 말았다.

당신도 이 성질 급한 마라톤 선수처럼 행동하지는 않는가? 자신에게 주어진 일을 할 때 이러한 문제가 종종 나타나지는 않는가? 그저 진도 나가는 데만 급급해서 혹은 일이 어려워서 업무 규정을 무시하고 포기해 일을 망치지 않는가? 그렇다면 사람들로부터의 비난은 둘째 치고 모든 것을 처음부터 다시 시작해야 하는 낭비를 저지르게 된다. 좋지 않은 결과를 얻은 후에야 우리는 비로소 후회한다. 귀한 시간과 에너지를 쓸데없이 낭비할 바에야 처음부터 섬세하게 제대로 하는 것이 더 낫지 않겠는가.

이사李斯[7]의 『간축객서諫逐客書』에는 이런 구절이 있다. "태산泰山이 높아진 것은 한 줌의 흙도 마다하지 않았기 때문이며, 하해河海가 깊어진 것은 작은 시내도 가리지 않았기 때문이다." 성공은 결코 단번에 얻을 수 있는 것이 아니다. 큰일은 여러 가지 작은 일이 차곡차곡 쌓여 이뤄진 것이다.

'눈'만 높고 '손'이 더딘 사람이라면 결코 큰일을 해낼 수 없다. 레오나르도 다빈치는 완벽한 타원형의 달걀을 그리기 위해서 수천 번이나 계속해서 동그라미를 그렸다고 한다. 퍼펙트워크가 우리에게 바라는 것 역시 이런 것이다. 현대사회에서 일은 점차 세분화되고 전문화되고 있다. 이러한 상황에서 디테일에 섬세하게 집중하지 않으면 성공하기 어렵다. 어떤 사람은 그저 요행만 꿈꾸며 제대로 되는 일이 없다고 불평하기 바쁘다. 디테일에 무심하고 당장의 위기를 모면하는 데만 급급하다가 결국 문제가 생겼을 때 엄청난 대가를 치러야 한다는 사실을 뒤늦게 깨닫는다. 게으름을 피우다 아름다운 미래를 송두리째 망치는 일은 만들지 말자.

어떤 일이든 승부는 디테일에서 결정이 난다. 남이 보지 못한 디테일을 섬세하게 찾아내고 그것을 무기로 삼는 사람만이 먼저 성공이라는 달콤한 과실을 맛볼 수 있는 것이다. 어느 곳, 어느 자리에서 일하든 '대충 씨'가 되지 마라. 누구보다 섬세하게 수많은 디테일을 쌓아라.

섬세함을 갖추기 위한 5가지 원칙

1. 오늘 잠자리에 들기 전에 내일을 위해 몇 분만 투자하라. 사전 준비에 단 몇 분만 투자해도 내일 몇 시간이나 되는 일을 줄일 수 있다. 무슨 일이든 미리 준비하면 바로 시작할 수 있지만, 미리 대처하지 못하면 아무것도 하지 못한다. 업무 효율을 향상시킬 수 있는 가장 확실한 해결책은 '사전 준비'다. 무슨 일이든 사전에 철저하게 준비한다면 기회가 찾아왔을 때 쉽게 잡을 수 있다. 평범하기 그지없는 사소한 일상에서 '눈부신 내일'을 미리 준비하라.

2. 시간을 엄수하라. 세상에는 수많은 규율과 규칙이 있다. 어느 것 하나 중요하지 않은 것이 없겠지만 그중에서 가장 기본적이고 가장 중요한 것은 시간을 지키는 일이다. 무슨 일을 하든 반드시 시간을 엄수하라. 시간을 지키는 일은 한 사람의 신뢰도를 알 수 있는 척도이자, 우수한 인재라면 반드시 갖춰야 할 기본적인 자질이기 때문이다. 주어진 시간 안에 일을 끝내도록 평소 노력하고 행동해야만, 자신의 능력을 키울 수 있는 것은 물론 빠르게 변하는 시대에 재빨리 적응할 수 있다.

3. 정리정돈에 힘써라. 바쁜 일상에 쫓기다 보면 주변을 깨끗하게 정리하지 못할 수도 있다. 그리 대수롭지 않은 일 같지만 주변 사람에게 일에 쫓겨 살고 계획성이 부족하다는 인상을 심어줄 수 있다. 그뿐만 아니라 깨끗하게 정돈되지 못한 환경은 궁극적으로 업무의 질과 효율, 심지어 일에 대한 열정에 부정적인 영향을 줄 수 있다. 보기 좋

게 정리된 환경은 일하는 사람은 물론 주변 사람에게도 유쾌함을 심어준다.

4. 일할 때 항상 다이어리를 사용하라. 매일 있었던 일을 기록하고 일의 순서에 따라 업무를 처리한 후 종료된 일과 진행 중인 일 등을 구분해놓으면 한눈에 업무 상황을 파악할 수 있다.

5. 작은 것에 신경 써라. 사소한 것 하나도 놓치지 않고 꼼꼼하게 챙기는 업무 습관은 깔끔한 일처리는 물론 다른 사람에게 신뢰감을 심어줘 자신의 경쟁력을 높일 수 있다.

요령이나 잔꾀를 믿지 말고 진득함을 믿어라

무언가 한 가지에 계속해서 집중하고 매진한다는 것은
설령 그 일 때문에 어려움에 처하더라도
절대로 도망치지 않겠다는 '각오'를 요하는 일이다.

전문 경영인이든 자영업자든 사업에서 궁극적으로 성공을 거둔 사람들은 '고도의 집중력'이라는 강점을 지니고 있다. 집중하라고 말하기는 쉬워도 이를 실제 행동으로 옮기기란 그리 녹록한 일이 아니다. 하지만 성공한 사람들은 쉬워 보여도 결코 쉽지 않은 '집중력'을 발휘함으로써 자신의 분야에서 만족스러운 결과를 얻었다.

우리 주변에는 '출중한 두뇌'를 자랑하는 사람이 적지 않다. 그런데 남보다 똑똑하다고 자부하는 이들이 의외로 오랜 사회생활에도 불구하고 여전히 일에 쫓겨 살기 바쁘다. 자신의 머리 혹은 요령만 믿고 진득하니 한 가지 일에 매달리지 못하기 때문이다. 스스로 똑똑하다고 생각하는 사람들은 오히려 자신이 놓은 덫에 걸려 결국 소중한 재능과 시간을 낭비하고 만다.

얕은 요령이나 잔꾀로는 큰일을 해낼 수 없다. 꾸준함의 위대함을 아는 큰 지혜를 배워야 한다. 세상만사에 지름길은 없다. 자신이 추구하는 목표를 향해 한 걸음 한 걸음 계속해서 발걸음을 내딛어야만 자신이 원하는 것을 이룰 수 있다. 머리 하나 믿고 가볍게 잔꾀를 부리기보다는 자신이 생각하는 방향으로 부지런히 발걸음을 옮기며 주어진 일을 완벽하게 해내는 데 집중하라.

바렛은 쉴 새 없이 주어지는 업무에도 불평하지 않고 최선을 다해 완수함으로써 사장으로부터 신뢰를 얻었고, 마케팅 팀장으로 승진했다. 회사는 바렛에게 예전보다 두 배나 많은 연봉과 함께 전용차도 제공했다.

승진한 뒤에도 바렛은 일을 완벽하게 끝내기 위해 예전과 다름없는 바쁜 일상을 보냈다. 하지만 얼마 뒤 바렛은 자신을 향한 주변의 비웃음을 깨달았다. "쯧쯧, 사람이 왜 이리 답답해? 자네 이제 팀장 아닌가? 이제 좀 융통성을 갖고 여유도 좀 가지라고!"

주변 사람들로부터 '답답하다', '꽉 막혔다'라는 지적을 계속해서

들다 보니 바렛도 어느 순간 마음의 긴장이 풀리기 시작했다. 더 이상 사장이 자신을 신경 쓰지 않는다고 생각하니 허탈감도 느끼게 되고, 서서히 잔꾀를 부리게 된 것이다. 어느새 그는 묵묵히 일하기보다는 사장의 비위를 맞추는 데 더 골몰하게 됐다. 사장이 특별히 물어볼 정도로 중요한 일이면 최선을 다해 처리했지만 사장이 관심을 보일 만한 문제가 아니라고 판단되면 무심히 처리하거나 심지어 잘 거들떠보지도 않았다.

이러한 상황이 계속해서 이어지자, 성실했던 바렛을 높이 샀던 사장은 결국 그에게 크게 실망했고 결국 그를 해고하고 말았다.

사장도 사람인지라 모든 직원의 업무 상황과 결과를 일일이 직접 확인할 수는 없다. 이러한 맹점을 이용해 기회주의자처럼 자신에게 이로운 일에만 매달리고 그렇지 않은 일에는 모른 척하는 잘못된 습관을 들이면 사회에서 매장되는 건 한순간이다.

모든 사람은 성공을 갈망한다. 하지만 성공은 돈을 주고 살 수 있는 것이 아니다. 성공으로 가는 길에 선 수많은 사람은 똑같은 출발선에 있지만 어떻게 그 길을 달리느냐에 따라 전혀 다른 결과를 얻는다. 육상 선수처럼 대부분의 사람은 실력으로 승부하는데, 그 실력은 평소 얼마나 꾸준히 갈고닦았는가가 결정한다. "미치광이만 성공한다"라는 이야기가 있다. 그만큼 '집중력'이 중요하다는 말이다.

한 치 앞도 내다볼 수 없을 만큼 혼란한 세상에서 제 일에만 집중한 채 다른 욕망이나 유혹에 흔들리지 않고 자신이 몸담고 있는 회사에 충성하기란 상당히 어려운 일이다. 무언가 한 가지에 계속해서 집중하고 매진한다는 것은 그 외에는 다른 기회를 포기하겠다는 뜻이다. 이와 동시에 그것 때문에 어려움에 처하더라도 절대로 도망치지 않겠다는 '각오'를 요하는 일이다.

무언가에 집중한다면 아직 보이지 않는 '다른 기회'를 놓칠 수도 있겠지만 동시에 불명확한 시장의 리스크를 피할 수도 있다. 자신에게 적합하지 않은 기회라면, 그 기회가 아무리 좋은 것이더라도 결국 귀중한 자원과 에너지를 소모케 한다. 반대로 제아무리 어려운 일이라도 고도의 집중력을 발휘해 이성적으로 대처한다면 해결책을 찾을 수 있다. 옳지 못한 의도를 가진 사람들이 호시탐탐 당신을 노리고 있다면 살아남을 수 있는 방법은 하나밖에 없다. '고도의 집중력'을 발휘하는 것이다. "호랑이에게 물려가도 정신만 차리면 산다"라는 선조의 지혜를 온전히 이해한다면 위기 극복은 물론 더 많은 기회를 잡을 수 있을 것이다.

필드에서 학생들을 가르치던 골프 코치가 친 공이 그만 덤불 속으로 떨어지고 말았다. 학생들을 소집한 코치는 덤불 속으로 사라진 공을 어떻게 찾아야 할지 물었다. 오랫동안 골프를 쳤던지라 학생들은 그동안의 경험을 떠올리며 나름대로 괜찮은 방법을 내놓기 시작했다. 저지대에서부터 공을 찾아야 한다는 학생부터 덤불이 가장 무성한 곳부터 뒤져야 한다는 학생, 퍼팅한 곳을 중심으로 나선형 구조로 퍼져나가며 공을 찾아야 한다는 학생도 있었다. 학생들의 대답을 조용히 듣고 있던 코치가 입을 열었다. "모두 틀렸어. 답은 간단해. 그냥 필드의 이쪽부터 저쪽까지 찾으면 돼."

때로는 멍청해 보이는 방법이 최선책이 될 수도 있다. 성공에 몸이 달아 지름길만 찾다간 결국 자신의 소중한 청춘을 낭비할 수 있다. 남보다 더 나은 위치에 서기 위해 벌여야 하는 생존 전쟁에서 우리는 수많은 유혹과 마주하게 된다. 그런 상황일수록 자신의 목표에 집중해라. 집중하는 사람이 가장 현명하고 똑똑하다.

오랜 역사와 함께 세계적으로 높은 인지도를 자랑하고 있는 듀폰의 창업주 엘뢰테르 이레네에게는 매끄러운 언변, 민첩한 두뇌와 준수한 외모를 지닌 형 빅토르가 있었다. 남부러울 것 없었던 집안에서 태어나 부족한 것 없이 살았던 빅토르는 프랑스 사교계의 스타였지만 그저 먹고 노는 일에만 일가견이 있을 뿐, 회사 일로 외부 시찰에 다녀와서는 쓸모없는 정보를 늘어놓기 일쑤였다. 하지만 여행에서 맛본 산해진미와 아름다운 미녀들에 대한 그의 '열정'은 그 누구도 따라오지 못할 정도로 대단했다.

그런 형과는 달리 동생 이레네는 그리 크지 않은 키를 가진 평범한 외모의 청년이었다. 하지만 이레네는 '미쳤다'는 표현이 지나치지 않을 정도로 배움과 일에 뜨거운 열정을 보였다. 프랑스에 살던 시절, 어린 이레네는 '근대 화학의 아버지'라 불리던 앙투앙 라부아지에의 영향을 받아 화학에 매료됐는데, 특히 '폭약 제조'에 큰 흥미를 보였다. 라부아지에는 평소에도 열심히 학문을 닦는 차분한 성격의 이레네를 무척이나 마음에 들어했고, 자신이 운영하고 있던 황실 화약공장에 자주 데리고 가서 세계 최고 수준의 화약을 어떻게 만드는지 알려주기도 했다.

피비린내로 가득한 프랑스 대혁명에서 구사일생으로 빠져나온 듀폰 일가는 대서양을 넘어 미합중국에 새로운 터전을 마련했다. 이레네의 아버지는 신대륙에서 제2의 인생을 살겠다며 토지 도매, 운송, 황금 밀수 같은 이른바 '7대 사업'에 과감하게 뛰어들었지만 손대는 사업마다 모조리 실패하고 말았다. 젊은 이레네는 밤잠을 설치면서 쓰러진 가문을 다시 세우기 위한 방법을 고민하기 시작했다. 계속되는 사업 실패로 극심한 고통과 좌절감에 시달리는 백발성성한 아버지, 하라는 일은 하지 않고 그저 먹고 놀기에 바쁜 형을 보며 이레네는 어쩌다 가문이 이 지경까지 되었는지 답답하고 괴로울 뿐이었다. 지금과 같은 상황에서 가문의 영광을 다시 되찾아야 하는 임무는 자신의 몫이라고 생각했다.

힘들고 괴로운 생활 속에서도 이레네는 자신의 '무기'를 손에서 놓지 않았다. 라부아지에가 자신에게 알려줬던 폭약 제조법을 여전히 기억하고 있었던 것이다. 세상 돌아가는 일에 관심이 많았던 이레네는 매일 신문을 보며 기회를 찾던 중 자신의 무기를 100퍼센트 활용할 수 있는 절호의 기회를 찾아냈다. 전란 기간 동안 프랑스뿐만 아니라 세계 각국은 군비 확충을 위해 대량의 폭약을 확보하는 데 혈안이었다. 이 점에 착안한 이레네는 폭약을 제조하면 돈방석에 오를 것이라고 확신했다.

이레네는 본격적으로 사업을 구상하기 시작했다. 과거에 쌓았던 지식을 무기 삼아 세계 최대, 최고 수준의 폭약 제조업자가 되기로 결심한 그는 고도의 집중력을 발휘해 자금, 인력, 원자재 등 여러 가지 문제를 극복하고 어렵사리 화약 공장을 세웠다. 그리고 결국에는 세계적으로 유명한 듀폰으로 우뚝 키우는 데 성공했다.

큰 그릇이 되기 위한 기본적인 자질은 일 혹은 사업에 대한 뜨거운 열정과 함께 일에 대한 고도의 집중력을 갖추는 것이다. 성공에 대한 열망과 집중력이 있어야만 온갖 시련과 어려움을 기꺼이 감내하며 묵묵히 힘든 길을 걸어갈 수 있기 때문이다.

묵묵히 견딜 줄 아는 뚝심은 가공할 만한 파괴력을 가진 무기다.

집중력과 뚝심은 사람들에게 '믿음'을 심어준다. 비록 시작은 미약할지언정 일에 대한 열정과 집중력을 발휘한다면 분명 그 끝은 창대할 것이다. 실제로 인류의 발전사가 이를 증명하고 있지 않은가. 성공으로 향하는 길에서 맞닥뜨리게 되는 걸림돌을 성공으로 가는 발판으로 만들 만큼 강인한 의지와 무서운 집중력을 가진 사람, 실패는 물론 주변의 따가운 시선에도 흔들리지 않고 자신의 목표를 향해 묵묵히 앞으로 나아가는 사람만이 끝내 성공이라는 달디단 열매를 맛볼 수 있다.

오늘날 '약삭빠른' 수많은 사람이 길거리를 메우고 있는 데에 반해 '포레스트 검프[8]'는 점점 그 자취를 감추고 있다. 미련하다고 손가락질받았던 포레스트는 자신의 목표에 대한 무서운 집착과 집중력으로 끝내 성공을 거머쥐었다. 이 시대는 포레스트 검프 같은 성실한 집중력의 소유자를 필요로 한다. 다른 것에 한눈팔지 않고 자신이 주시하는 것만 바라보는 집중력이야말로 퍼펙트워크로 가는 지름길임을 잊지 마라.

Perfect
work

제2장

퍼펙트워크의 적
Perfectwork's Enemy

모든 일은
잘못된 습관이 망친다

많은 사람이 자신의 일을 제대로 알지 못한 채 지나치게 단순하게 여긴다.

그런데 사실, 단순해 보이는 일을 제대로 해내기란 그리 쉬운 것이 아니다.

직장에서 벌어지는 치열한 경쟁에서 두각을 드러내려면

복잡한 일을 제대로 해내야 하는데,

복잡한 일은 수없이 많은 단순한 일의 조합이다.

아무리 단순하고 대수롭지 않은 일이라도 함부로 생략해서는 안 된다.

그러나 실제로 업무 처리 과정에서 많은 사람들이

대수롭지 않다고 생각하는 문제를 마구잡이로 '가지치기'하다가

결국 쓰디쓴 실패를 맛보고 만다.

처음부터 제대로 해야
낭비도 없다

업무상의 실수는 불가피한 것이며
일상적으로 일어나는 지극히 정상적인 과정이라 생각하는가?
왜 실수를 저지를 가능성이 있다고 단정 짓는가?

퍼펙트워크는 업무 품질에 관해 까다로운 요구사항을 전제한다. '처음부터 제대로 일하라'라는 내용이 그렇다. 이를 두고 뜨거운 논쟁이 펼쳐질지도 모르겠다. '처음부터 제대로 일하는 것이 과연 가능한가?' '일이란 사람이 하는 것이다. 하지만 하느님도 로봇도 아닌 사람이 어떻게 처음부터 완벽하게 일을 해낸단 말인가?'

처음부터 제대로 일하는 것이 결코 쉬운 일이 아니라는 것은 부정할 수 없지만 그렇다고 해서 결코 불가능한 것도 아니다. 처음부터 제대로 일하는 것은 결과만 놓고 봤을 때 두 번째, 혹은 열 번째 일을 제대로 해내는 것과 동일하다. 몇 번 만에 일을 끝냈다 해도 어쨌거나 결과는 같으니 실수나 오류는 그저 확률상의 문제라고 생각할 수 있다.

그러나 '처음부터 제대로 일하라'라는 이야기의 본뜻은 현재의 결과물에 만족하지 않고 더 나은 결과물을 얻기 위해 최선을 다하라는 것에 있다. 일에 착수할 때 눈 감고 아웅 하는 식으로 은근슬쩍 '때우려' 하는 게 아니라, 처음부터 제대로 일을 해야 첫 번째 실수가 초래하는 손실을 낮출 수 있다. 또 향후 업무를 처리하는 과정에서도 스스로 까다로운 업무 기준을 적용하게 된다.

첫 번째 실수를 용납하면 두 번째, 세 번째 실수도 대수롭지 않게 생각하고 쉽게 용서한다. 기존의 업무 방식을 바꿔야 한다는 필요성과 중압감을 느끼지 못하는 것이다. 이렇게 스스로에 대한 낮은 기대감이 형성되면 이렇든 저렇든 '상관없다'는 무책임이 자신도 모르게 '뿌리내리게' 된다. 그러면 표면적으로 봤을 때는 노력하며 일하는 듯해도 궁극적으로는 만족스러운 결과를 얻지 못한다.

그럼 '처음부터 제대로' 하려면 어떻게 해야 할까? 먼저 '제대로 일한다'는 뜻을 정확히 짚고 넘어갈 필요가 있다. 제대로 일했다는 것은 명확한 목표하에서 객관적으로 판단할 수 있는 명확한 기준에 따라 평가된 업무 결과를 가리킨다. 여기서 '기준'이라는 단어에 집중하

라. 기준이 있어야 처음부터 제대로 일할 수 있다. 다시 말해서 일상적인 업무에서 리더는 명확한 업무 기준을 세워야 하고, 업무 담당자는 이러한 기준을 정확하게 이해하고 있어야 한다. 퍼펙트워크의 기초는 '예방'이다. 수정을 요하는 실수나 오류가 발생했다면 결코 퍼펙트워크에 도달하기는 점점 어려워진다.

한 전자가공업체가 최근 몇 년 동안 높은 판매실적을 올렸다. 시장에서의 반응도 좋아 주문서가 매년 40퍼센트씩 증가할 정도였다. 여기에 힘을 얻은 사장은 사업 확장을 위해 매년 대규모 인재 선발 및 생산 라인 구축에 박차를 가했다. 하지만 어찌 된 영문인지 공격적으로 투자에 나서거나 적극적으로 기업을 경영해도 납기일까지 일을 마치지 못하는 상황은 여전했다. 이 때문에 시장의 뜨거운 반응에도 불구하고 해당 업체는 더 많은 주문서를 확보하는 데 방실일 수밖에 없었다. 이러한 상황이 계속되자 사장은 고위 경영진과 여러 번 회의를 열고 해결책을 찾는 데 주력했지만 마땅한 해결책을 찾지 못해 애만 태우고 있었다. 그도 그럴 것이 회의에 참석한 사람들은 공통적으로 회사 규모가 확대되면서 시간을 포함한 각종 비용이 '당연히' 늘어날 수밖에 없다고 생각했기 때문이었다.

고위 경영진 사이에서도 별다른 해결책이 제시되지 못하고 있을 때, 현장 일선에서 일하던 한 직원이 재작업 프로세스를 과감하게 없애는 대신 품질합격률이 높은 직원에게는 인센티브를 제공하자는 의견을 내놓았다. 이 이야기를 들은 경영진은 이해할 수 없다는 반응을 내놨다. 재작업 프로세스를 없앤다는 것은, 다른 말로 풀자면 추가 수정 작업이 없도록 작업자가 처음부터 완벽하게 일을 완성해야 한다는 것이며 궁극적으로는 업무 강도가 높아진다는 뜻이었다. 그 때문에 회의 참석자 대부분은 '현장에서 씨알도 먹히지 않을 이야기'라며 무시했다. 하지만 당장에 별다른 해결책이 없었던 터라 지푸라기라도 잡는 심정으로 사장은 현장 담당자의 의견을 받아들였다.

그런데 회의 참석자 대부분의 예상과 달리 재작업 프로세스를 없앤 후 현장 직원들 사이에서는 처음부터 제대로 일하는 편이 더 편하고 자극이 된다는 반응이 쏟아져 나오기 시작했다. 그로부터 3개월이 지난 후 해당 기업은 이전과 다름없는 완벽한 품질의 제품을 기존보다 2배나 더 많이 생산할 수 있었다.

이처럼 '처음부터 제대로 일하라'라는 주장은 결코 불가능한 것이 아니다. 오히려 회사도 직원도 스스로 마땅히 갖춰야 할 정신이자 안전하고 과학적이며 효율적인 업무 방식이다. 업무 과정에서 실수를 저지른다면 문제를 해결하기 위해 더 많은 시간과 에너지를 쏟아부어야 한다. 처음부터 업무가 제대로 이뤄지지 않아서 똑같은 업무를 다시 처음부터 되풀이해야 하는 것이다.

그럼에도 많은 이들이 '업무상의 실수는 불가피한 것이며, 일상적으로 일어나는 지극히 정상적인 과정'이라고 생각한다. 왜 업무 과정에서 실수를 저지를 가능성이 크다고 단정을 짓는가?

2009년 8월 28일 미국에서 도요타의 렉서스를 몰던 운전자가 가속 페달 고장으로 사망하는 사건이 일어나면서 대규모 '리콜 사태'가 터졌다. 여론의 공세에 못 이겨 도요타는 2009년 9월 '미국 내 일부 차종에서 앞좌석의 바닥 매트가 고정되지 못하고 앞으로 밀려들어가 가속 페달을 누르는 바람에 브레이크를 잡을 수 없다'라는 내용으로 심각한 결함이 있음을 발표했다. 도요타 측은 380만 대의 결함 차량을 리콜하겠다고 선포했지만 리콜 규모가 줄어들기는커녕 그해 11월 26일까지 420만 대로 증가했다.

2010년 1월 21일 도요타는 또다시 고개를 숙여야 했다. 일부 차종에 탑재된 전자 가속시스템의 결함으로, 운전자가 가속 페달에서 살짝 발만 떼도 가속되는 현상이 발견됐기 때문이다. 이 사태에서 선정된 리콜 대상은 RAV 4, 코롤라, 매트릭스, 아발론, 캠리, 하이랜더, 툰드라, 세쿼아 등 모두 8개 차종으로, 그 수만 무려 230만 대에 달했다. 2010년 1월 27일 도요타는 브레이크 고장을 이유로 110만 대를 추가 리콜하겠다는 소식과 함께 위의 8개 차종에 대한 미국 내 판매를 잠정 중단하겠다고 발표했다. 그 후 도요타는 유럽, 중동, 라틴

아메리카와 기타 지역에서 수백만 대나 되는 차량을 리콜해야 했다.

이러한 대규모 리콜 및 판매중단 사태는 자동차 업계 역사상 유일무이한 것이었다. 도요타가 리콜한 차량 수는 2009년 도요타가 팔아치운 전 세계 판매량보다 37퍼센트나 많은 1000만 대에 이르렀다. 이 리콜 사태로 도요타가 심각한 손실을 입었음은 누가 보더라도 자명했다.

브레이크와 가속기의 설계 결함으로 도요타는 심각한 경제적 손실을 입었을 뿐만 아니라 이와 관련된 법적 소송에 휘말리며 브랜드 이미지 타격이라는 큰 위기에 직면했다. '처음부터 제대로 일하지 못해' 대형 악재를 불러들인 전형적인 사례다.

이러한 사례는 비단 도요타에서만 일어난 것이 아니다. 2010년에 한 해 벌어진 자동차 리콜 사태를 보면, 1월에 볼보가 유럽에서 XC60 3만 대 리콜, 도요타가 에어백 문제로 108만 대 리콜, 3월에 GM이 부품 문제로 130만 대 리콜, 4월에 동펑東風이 실비軒逸 6만 9285대와 캐시카이逍客 1만 4915대 리콜, 5월에 푸조 시트로엥 S.A1.6L 5만 대 리콜, 6월에는 미국 고속도로교통안전국이 크라이슬러에 60만 대 리콜 요청, 7월 미국 스바루가 레거시, 아웃백을 포함한 7만 대 리콜, 8월 도요타가 미국과 캐나다에서 42만 8000대 리콜, 9월에 기아가 미국에서 3만 5000대의 문제 차량 리콜……. 일부분만 나열해도 이렇게 많다.

품질 문제는 기업이 각별한 관심을 가져야 하는 최우선 과제다. 기업이 완벽을 강조하는 것은 그저 작업 담당자의 사기를 북돋기 위해서가 아니라 업무 프로세스 개선, 업무 품질 및 가치 향상을 위한 필수조건이기 때문이다. 여기서 핵심은 '완전무결한 상품'이 아니라, 업무 과정에서 '처음부터', '항상'이라는 조건을 만족시키기 위해 조직 내 모든 구성원이 노력하겠다는 결심을 담아내는 데 있다.

처음부터 제대로 일하려면, 분명한 목표를 세우고 진지한 태도로 임해야 한다. 자신이 원하는 것이 무엇인지 확고한 목표를 세워야만 본격적으로 업무를 진행할 수 있고 업무의 지향점과 방향성 역시 명확해질 수 있다. 목표 자체가 분명하지 않다면 주변의 유혹에 넘어가 이랬다저랬다 흔들리거나 의도와는 달리 비용을 낭비하고 손실을 키우게 된다.

또한 처음부터 제대로 일하려면, 자신이 잘해낼 수 있다고 확신하고 단단히 마음먹어야 한다. 자신을 믿어야만 온갖 역경을 뚫고 나갈 용기와 결단력이 생기고, 그 어떤 어려움과 시련 앞에서도 계속해서 자신의 목표를 향해 나갈 수 있다.

일처리 순서와 중요도도 명확하게 구분해낼 줄 알아야 한다. 눈코 뜰 새 없이 일에 쫓겨 사는 까닭은 무엇인가? 사방에서 일거리가 쏟아져 들어와서? 매일같이 바쁘게 일하는데도 항상 일에 쫓겨 사는 원인을 곰곰이 살펴보면, 어떤 것을 먼저 처리할지 우선순위를 정하지 못했기 때문이다. 사방에서 온갖 문제가 쏟아져 들어올 때 무엇을 먼저 처리해야 할지 모르겠다면 한 가지 사실에만 집중해라. '우선적으로 해결해야 할 문제가 무엇인가?' '잠시 뒤로 미뤄도 될 문제는 무엇인가?' 별것 아닌 작은 문제 때문에 중요한 문제를 놓치게 되는 상황이 결코 벌어져서는 안 된다. 중요한 업무를 먼저 처리하는 데 집중하고, 부차적인 문제는 그다음에 해결해라. 다른 사람에게 맡겨도 될 일이라면 과감하게 맡기되 정확하게 업무를 인수인계하고 진행상황을 확인해라.

업무에 쫓기다 보면 주어진 시간 내에 일을 끝내야 한다는 사실을 잊기 쉽다. 그렇게 되면 힘들게 일하고도 일을 다시 하거나 예상치 못한 문제가 발생하는 등 난처한 상황에 처할 수 있다. 해결해야 할 문제가 동시에 발생했다면 종이나 머릿속에 해결해야 할 업무의 순서를 정해라. 우선적으로 해결해야 할 문제, 그다음 해결 문제, 마지막으로 해결해도 될 문제를 재빨리 구분하는 것이다.

평소 일상적인 업무에 대해서 자체적인 정리 작업을 진행하는 것도 좋다. 즉 앞서 진행한 일처리 과정에서 발생한 오류나 실수를 분류하고 이들 문제의 원인 분석, 원인 해결에 나서야 한다. 이러한 일련의 정리 작업이 무의식적으로 저지르는 실수를 줄일 수 있게 한다. 혼자 힘으로 문제를 찾아내지 못했다면 동료나 상사에게도 도움을 청해라.

업무 처리 과정을 다시 한 번 살펴보자. 목표 설정, 기준 확인, 진지한 태도, 우선순위 정하기, 일상적인 오류나 실수 피하기. 이제 남은 것은 처음부터 제대로 일하는 것뿐이다.

1퍼센트의 실수는
100퍼센트의 실패다

사소한 일에서 결정적인 실수가 나온다.
이 점을 잘 알고 있던 옛 성현들은 이렇게 말했다.
"눈은 큰 곳을 바라보되, 손은 작은 곳에 두라."

『디테일의 힘』에 나온 이야기를 잠시 함께 살펴보자.

장한江漢대학교를 올해 졸업한 샤오천小陳은 취업박람회에 참가하기 위해 아침 일찍 문을 나서던 중 실수로 물 잔을 엎지른 탓에 그 옆에 놓아두었던 이력서를 흠뻑 적시고 말았다. 샤오천은 애써 화를 참으며 물에 젖은 이력서를 대충 털어 다른 물건이 들어 있는 가방 안에 쑤셔 넣고 급하게 문을 나섰다.

취업박람회에 도착한 샤오천의 눈에 부동산회사의 광고기획팀 모집 광고가 들어왔다. 해당 기업의 요청 사항에 따라 취업 희망자는 먼저 취업 심사팀과 간단히 이야기를 나눈 뒤 이력서를 제출해야 했다. 이력서가 통과된 응시자에 한해서 취업 담당자를 만나 면접시험을 볼 기회가 주어졌다.

샤오천의 차례가 되자, 심사 담당자는 그에게 세 가지 질문을 던진 후 이력서를 제출하라고 했다. 기쁜 마음에 가방에서 이력서를 찾던 샤오천의 얼굴에 순간 낭패감이 어렸다. 이력서가 물에 흠뻑 젖었다는 사실이 그제야 떠오른 것이다. 이력서는 다른 물건과 함께 가방 안에 두는 바람에 잔뜩 구겨져 있었다. 샤오천은 급한 마음에 구겨진 이력서를 이리저리 펴봤지만 별반 소용이 없었다. 엉망진창이 된 샤오천의 이력서를 본 심사 담당자는 눈살을 찌푸렸지만 규정대로 이력서를 접수했다. 깔끔하고 빳빳하게 정돈된 여러 이력서 사이에서 볼품없이 구겨진 샤오천의 이력서는 유독 눈에 띄었다.

그로부터 3일 후, 면접시험에 참가한 샤오천은 현장에서 포토샵을 활용하기도 하고 가상 제품에 관한 프레젠테이션을 하는 등 두드러지는 활약상을 펼쳤다. 대학교 때 학교 연극반에서 주요 멤버로 활동한 덕분에 즉흥 공연을 선보이는 등 면접 담당자의 눈길을 사로잡는 데도 성공했다. 면접시험을 마친 샤오천이 시험장을 나오자, 담당 여직원이 오늘 면접시험에서 단연 최고였다며 엄지손가락을 치켜

세웠다. 하지만 어찌 된 일인지 면접시험이 끝난 지 일주일이 지나도록 샤오천은 아무런 연락도 받지 못했다. 급한 마음에 전화통을 붙잡고 당시 담당 여직원에게 면접 결과를 물었다. 그의 요구에 잠시 아무 말도 없던 여직원이 조용히 입을 열었다.

"사실 면접 심사원들께서 모두 샤오천 씨를 마음에 들어하셨습니다만, 이력서가 문제였습니다. 사장님께서는 이력서 하나 제대로 간수하지 못한 사람에게 어떻게 큰일을 맡길 수 있겠느냐고 하시더군요. 이력서는 그저 그런 종이가 아니에요. 당신이 누구인지 알려주는 중요한 정보이니까요. 그런 이력서를 함부로 대했다는 것은 분명 부정할 수 없는 큰 실수입니다."

많은 이들에게 샤오천과 비슷한 경험이 있을 것이다. 별것 아닌 듯 보이는 사소함이 전체에 큰 영향을 줄 때가 있다. 특히 업무에서 이러한 상황은 자주 목격된다. 사실 일하는 과정에서 발생하는 대부분의 문제는 대수롭지 않은 사소한 일이라고 방심한 데서 터져 나온다.

퍼펙트워크는 무엇이든 100퍼센트 해내야만 '합격 도장'을 찍어준다. 전체에서 차지하는 비중이 1퍼센트에 불과한 실수나 오류라고 해도 100퍼센트 실패를 가져올 수 있기 때문이다. 이를테면 100번도 넘게 전략을 구상했다고 하더라도 단 한 번 잘못된 전략으로 인해 해당 기업이 문을 닫는 일이 벌어질 수 있다. 100개의 제품 중에 불량품이 단 한 개라도 있다면 그동안 힘들게 지킨 시장을 잃을 수도 있다. 또한 직원 100명이 있다고 해도 누군가의 배신으로 해당 업체는 감당할 수 없는 심각한 타격을 입을 수 있다.

1퍼센트의 위대함에 대해 한 경영자는 다음과 같이 간단명료하게 설명했다. "생산자가 미처 해내지 못한 1퍼센트는 소비자의 손에서 100퍼센트 불합격으로 변한다." 바로 이런 이유 때문에 스스로에게 엄격하게 '주문'해야 한다. 99퍼센트가 아니라 100퍼센트를 해내려고 하라.

업무를 맡은 담당자는 수동적으로 일하는 구태의연한 모습에서 벗어나 자발적으로 일을 찾아서 하는 것의 중요성을 깨달아야 한다. 경영자는 사소한 1퍼센트를 지키고 완수하는 게 얼마나 중요한지 인식시켜야 한다.

1979년 베트남에 대한 자위권 차원의 전쟁이 발발한 뒤 3일 동안 수많은 중공군이 전사했다. 객관적으로 봤을 때 월등한 전력을 가진 중공군이 높은 사망률을 기록하게 된 원인은 무엇이었을까? 지휘 체계 자체에 문제가 있다는 분석 외에 한 가지 흥미로운 이야기가 있다. 당시 중공군이 착용하고 있는 붉은 휘장, 붉은 모자가 적들의 주요 공격 목표가 되었다는 것이다. 결국 부대에서는 전군에게 붉은 휘장과 모자를 착용하지 말라는 내용과 함께 진격할 때도 붉은 기紅旗

를 앞세우지 말라는 명령을 하달했다.

이러한 원인을 밝혀낸 것은 부대 내 분대장이었다. 상부의 지시에 따라 전군이 전진하게 되었을 때, 분대장은 한 병사에게 붉은색으로 칠해진 쌀 포대를 짊어지라고 했는데 어찌 된 영문인지 해당 사병은 명령에 불복했다. 명령을 거부하는 이유를 묻는 분대장에게 사병은 앞서 산등성이를 행군하고 있는 다른 부대를 가리켰다. 분대장은 그제야 무슨 상황인지 알아차렸다. 붉은 휘장과 모자는 물론, 바람에 휘날리는 붉은 기는 누가 보더라도 한눈에 척 들어올 정도로 눈에 띄었다. 푸르른 정글로 뒤덮인 베트남 한가운데서 붉은색으로 칠해진 무언가를 몸에 지닌다는 것은 그야말로 대놓고 죽여달라는 것과 다름없었던 것이다. 분대장은 평소 가지고 다니던 녹색 군용바지를 꺼내 붉은색 포대에 담긴 쌀을 옮겨 담은 뒤 이러한 사실을 상부에 보고했다.

상부에서는 이 이야기를 흘려듣지 않고 붉은색을 일절 사용하지 말라는 명령을 전군에 내렸다. 이를 계기로 향후 치러진 전투에서 중공군이 붉은 휘장, 모자와 홍기를 사용하는 경우는 거의 없었다. 훗날 해당 분대장은 부대 내 최고 공훈을 세우는 영광을 차지했다.

분대장이 사병의 이야기를 흘려들었거나 상부에 보고하지 않았다면 중공군은 분명 막대한 피해를 입었을 것이다.

“별 볼 일 없는 일이라고 해서 노력할 만한 가치가 없는 사소한 일 따위는 없다. 마찬가지로 최선을 다해도 이룰 수 없을 만큼 커다란 일도 없다.” GE의 전 CEO 잭 웰치가 남긴 명언이다. 어떤 자리에 있든, 어떤 일을 하든 우리가 하는 일은 저마다 소중한 가치가 있다. 이러한 상황에서 우리가 해야 할 일은 이미 일상적으로 느껴지는 일, 흔히 볼 수 있는 작은 일도 주의를 기울여 처리하는 것이다.

이를 위해서는 먼저 일의 내용, 진행 상황을 철저하게 파악해야 한다. 대부분의 실수는 일에 대한 정확한 이해 없이 ‘수박 겉핥기’ 식으로 진행하는 데서 비롯되기 때문이다. 귀중한 시간과 힘을 들여 일처리 과정을 꼼꼼히 연구하는 일은 기업은 물론 업무를 처리하는 자신에게도 커다란 도움이 된다.

소홀히 여기고 방심하는 것이 습관이 되면 최악의 경우 재기불능의 상태에 빠질 수도 있다. 일본의 도시바는 자사에서 생산한 노트북에서 작은 결함이 발견되는 바람에 미국에서 약 10억 달러를 배상해야 했고, 미국 포드자동차 역시 파이어스톤Firestone 타이어 문제로 거액의 손실을 입었다. 몇 년 전 중국 소비자 사이에서 높은 인지도를 자랑하던 ‘싼주三株(의약전문 업체)’ 역시 매스컴에서 보도한 문제를 소홀히 했다가 재기불능의 상태로 전락하고 말았다. 당시 싼주와 관련해서 사회적 관심을 끈 문제는 크게 두 가지였다. 하나는 ‘청두成都 사건’으로, 싼주 측에서 환자의 동의도 받지 않고 치료 사례를 공개해 홍보에 활용한 탓에 분쟁이 발생했는데 CCTV를 비롯한 중국 언론이 이를 대대적으로 보도함으로써 이미지에 커다란 타격을 입었다. 나머지 하나는 이른바 '창더常德 사건'이다. 1996년 중국 후난湖南 성 창더에 살고 있던 천보순陳伯順이라는 사람이 싼주에서 생산된 약을 먹고 사망하는 일이 일어났다. 보상 문제를 두고 싼주 측과 사망자 가족 간에 법정 공방이 벌어졌는데, 싼주 측에서는 환자의 잘못을 주장하며 배상금을 지불하지 않겠다고 버텼다. 이 소식이 언론을 통해 일파만파 퍼지자 전국에서 싼주 불매 운동이 일어나더니 급기야 싼주의 영업이익이 대폭 감소하기에 이르렀다. 긴 공방 끝에 1999년 법원은 싼주의 손을 들어줬지만 이미 민심을 잃은 싼주는 소비자의 냉대 속에 커다란 대가를 치러야 했다.

천리 길도 한 걸음부터라는 말처럼 큰일 역시 작은 일에서 비롯된다. 작은 일이라고 해서 대수롭지 않게 생각하거나 부주의하게 처리하며 질질 끄는 사람은 원대한 꿈을 담을 만한 '그릇'이 될 수 없다. 작은 일 하나하나에도 세심한 관심을 기울이고 원만한 해결을 위해 노력하는 사람만이 더 큰 성과를 얻는 법이다. 이 점을 잘 알고 있었던 옛 성현들은 "눈은 큰 곳을 바라보되, 손은 작은 곳에 두라"라고 이야기했다.

정확하고 까다로운 일처리, 이를 철저히 따르는 장인들의 노력 덕분에 POLO는 세계적인 명품 브랜드로 성장하며 각국 소비자로부터 뜨거운 사랑을 받고 있다. '1인치 사이에는 여덟 개의 바늘땀이 들어가야 한다'라는 세부 규정을 가지고 있는 POLO는 20년 넘게 불패신화를 써내려가고 있다.

　오랫동안 기억되고 커다란 영향을 주는 것도 대부분 사소한 일이다. '경영의 신'이라 불리는 마쓰시타 고노스케는 "큰일도, 작은 일도 모두 내가 직접 하지만 크지도 작지도 않은 일은 다른 사람에게 맡긴다"라고 이야기하기도 했다. 커다란 성공을 거두고 싶다면, 작은 것에서부터 주의 깊게 상황을 지켜보고 묵묵하게 주어진 일에 최선을 다하는 습관을 가져라. 모든 일의 단계에서 그렇게 할 수만 있다면 '퍼펙트워크'를 달성하는 일도 어려운 게 아니다.

1. 번거롭다고 꺼려하지 말고 업무 전체를 구성하는 각 단계별 업무와 관련 기준을 사전에 파악해 이를 마음에 새긴다. 내용이 복잡해 전부 머릿속에 담아두기 어렵다면 각 단계별 업무의 궁극적 목적과 종료된 결과가 맞아떨어지는지 확인하기 쉽도록 노트에 디테일한 일처리 내용을 자세하게 적어두는 것도 좋다.

2. 기회가 된다면 일을 본격적으로 시작하기 전에 반복해서 연습함으로써 각 단계별 일처리 내용을 숙지한다.

3. 사소한 일이란 없다는 점을 상기하며 항상 점검하는 습관을 길러야 한다. 일을 진행하는 동시에 문제는 없는지 '항상' 점검하고 '즉시' 살펴봐야 한다. 일을 끝낸 후에 문제를 발견했다면 이미 때는 늦었다!

단순한 일이라도
마구잡이로 '가지치기'하지 마라

복잡한 일은 수없이 많은 단순한 일의 조합이다.
퍼펙트워크는 범접할 수 없을 정도로 대단하고 어려운 것 같지만
실제로는 단순한 일처리 결과를 한데 모은 것이다.

보통 사람에게 대부분의 일은 단순한 일의 반복, 별 볼 일 없는 번거로운 일들의 연속이다. 하지만 '큰일을 하고 싶다'는 꿈을 가지고 있다면, 단순한 일도 자신의 열정과 꿈을 갈고닦을 수 있는 좋은 시험 무대라고 생각해야 된다. 인생에서 성공한 사람들을 보면 보통 사람과 다름없는 환경 속에서 수많은 사소한 일, 평범한 일을 다람쥐 쳇바퀴 돌듯 되풀이했다.

많은 사람이 자신의 일을 제대로 알지 못한 채 지나치게 단순하게

여긴다. 그런데 사실, 단순해 보이는 일을 제대로 해내기란 그리 쉽지 않다. 업무적으로 성장하고 직장에서 벌어지는 치열한 경쟁에서 두각을 드러내려면 복잡한 일을 제대로 해내야 하는데, 복잡한 일은 수없이 많은 단순한 일의 조합이다. 아무리 단순하고 대수롭지 않은 일이라도 함부로 생략해서는 안 되는 것이다. 그러나 실제로 업무 처리 과정에서 많은 사람들이 대수롭지 않다고 생각하는 문제를 마구잡이로 '가지치기'하다가 결국 쓰디쓴 실패를 맛보고 만다.

미국 포드자동차의 고위 간부인 톰 브랜드Tom brand는 평범한 노동자 출신으로, 입사 당시 포드자동차에서 운영하는 공장에서 잡일꾼으로 일했다. 작은 일에도 항상 최선을 다하며 성장을 거듭한 톰은 서른두 살이라는 젊은 나이에 매니저 자리에 오르면서 포드의 최연소 매니저가 되는 영광을 차지했다.

스무 살 때 포드에 들어간 톰은 처음 일을 시작할 때부터 공장의 생산 현황에 대한 전반적인 파악에 나섰다. 이를 통해 톰은 자동차 한 대가 만들어지려면 부품 생산에서부터 조립, 공장 출고에 이르기까지 모두 13개 부서 간 협력이 필요하며, 각 부서별 업무 성격 역시 판이하다는 사실을 알게 되었다.

자동차 제조업이라는 분야에 몸을 담근 이상 자동차 제조와 관련된 모든 제작 과정을 제 손바닥 들여다보듯 훤하게 알고 있어야 한다는 생각에 톰은 자발적으로 생산 현장으로 내려가 '밑바닥'부터 차근차근 일을 배우기 시작했다. 정직원이 아닌 잡일꾼은 고정된 근무 장소가 없기 때문에 일이 있는 곳이면 어디든 달려가 작업해야 했다. 이번 경험을 통해 톰은 공장 내 여러 부서에서 일을 배우며 대략적이나마 각 분야별 업무 내용을 파악할 수 있었다.

그로부터 1년 6개월이 지난 뒤 자동차 시트부로 전근을 신청한 톰은 얼마 뒤 시트 제작 기술을 배웠다. 그 후 용접, 차체 제작, 도장 등 다양한 부서를 오가며 온갖 기술을 배운 톰은 5년도 되지 않은 짧은 시간 동안 공장 내 거의 모든 부서에서 자동차 제작과 관련된 일을 배울 수 있었다. 그리고 마지막 부서로 배선팀을 선택한 톰은 그곳에서 또다시 열심히 일을 배우기 시작했다. 한곳에 듬직하게 머물지 못하고 이리저리 부서를 바꾸는 아들의 행동을 이상하게 여긴 톰의 아버지가 어느 날 조용히 입을 열었다.

"취직한 지 5년이나 됐는데 그동안 배운 게 고작 용접이나 도장, 부품 제조 같은 단순한 일이니 앞으로 어떻게 될지 걱정이구나."

"아버지, 걱정 마세요. 전 평생 한 부서에 안주하는 평범한 일꾼이 될 생각은 추호도 없어요. 제 목표는 공장 전체를 관리하는 거예요. 그러기 위해서는 기존의 시간을 가치 있게 이용해야 하는데, 지금 제가 배우고 있는 것은 그저 자동차 시트를 어떻게 만드느냐가 아니라 제대로 완성된 차 한 대를 만드는 일이랍니다. 업무 전체 과정을 배우려면 시간이 걸릴 수밖에 없어요."

　다양한 부서에서 일했던 경험 덕분에 톰은 각 부품의 제조 상황을 잘 알고 있었을 뿐만 아니라, 부품의 품질을 구분해낼 수 있을 만큼 뛰어난 안목을 키울 수 있었다. 이러한 경험은 조립 작업에 커다란 도움이 됐고 얼마 지나지 않아 톰은 배선 작업팀에서 가장 뛰어난 인재로 떠올랐다. 금세 작업반장으로 승진한 톰은 얼마 뒤 열다섯 명이나 되는 작업반장을 이끄는 총괄 관리자가 됐다.

　톰이 한 일은 자동차 회사에서 가장 쉽고 간단한 일에 속하지만 그 덕분에 톰은 일개 잡일꾼에서 자동차 제작을 총괄하는 매니저가 될 수 있었다.

　거듭 강조하건대, 퍼펙트워크는 범접할 수 없을 정도로 대단하고 어려운 것처럼 들리지만 실제로는 평범한 일처리 결과를 한데 모은 것이다. 그렇기 때문에 쉽고 단순한 일이라고 해서 함부로 생략해서는 곤란하다. 특히 책임 소재와 관련된 문제의 대부분이 간단한 업무를 제대로 처리하지 못해 유발된 것임을 명심해야 한다.

　대충 넘어가거나 생략해도 될 만한 일이란 없다. 모든 일은 우리가 직접 해볼 만한 충분한 가치를 가지고 있다. 사회적으로 성공했다는 사람들을 유심히 살펴보다 보면 한 가지 뜻밖의 사실을 발견할 수 있다. 평범한 우리와 전혀 다른 세상에 사는 것처럼 보이는 성공한 사람들이 사실은 우리와 동시에 출발하고 우리처럼 단순하고 평범한 일을 했다는 점이다. 그런데 시간이 지나면서 그들은 우리보다 높은 자리에 서게 되었다. 똑같은 출발선에 서서 똑같은 목표를 향해 달려왔지만 전혀 다른 인생을 살게 된 까닭은 무엇일까? 그들은 자신이 하는 일을 단순해서 빼먹어도 되는 것이라고 치부하지 않았기 때문이다. 그들은 자신에게 주어진 일을 대단히 중요한 것이라고 생각하며 좋은 결과를 얻기 위해 매사 최선을 다했다. 바로 이런 작은 차이가 전혀 다른 결과를 가져왔다. 제아무리 복잡하고 어려운 일이라고 해도 하나하나 뜯어보면 지극히 단순하고 평범한 일의 조합이기 때문에 그저 그런 일이라고 치부해버리면 이는 곧 실패를 의미한다.

일을 유기적인 시스템으로 이해해보자. 각 하위 시스템에서 최적화에 성공해야 전체 시스템에서 최적화를 달성할 수 있다. 현재 자신의 자리에서 뛰어난 인재가 될 수 있는지는 자신의 자리에 내한 애정도에 달려 있다. 그렇다면 그 애정은 어떻게 확인할 것인가? 평범하기 짝이 없는 일을 대하는 당신의 습관을 보면 알 수 있다. 단순한 일일지언정 자신에게 주어진 이상 최선을 다하겠다는 습관이 앞으로의 성과를 결정하게 된다.

자신의 일에 애정을 가진 사람은 단순하고 평범한 일에도 항상 자부심을 가지고 최선을 다한다. 대단한 일이 아닐지언정 자신에게 주어진 일을 사랑하고 흠뻑 빠져 지내도록 노력한다면 '일을 즐기는 경지'에 도달할 수 있다. 자신의 일에 대한 뜨거운 열정과 매사 최선을 다하는 습관을 지닌 사람은 어려움과 시련을 무조건 피하기보다는 제 삶을 한층 업그레이드시킬 수 있는 도전이나 발판으로 여겨 당당하게 극복하려고 한다.

누구에게나 자신만의 원대한 꿈과 목표가 있다. 하지만 제대로 노력도 하지 않고 무조건 높은 이상만을 추구하면 아무것도 안 된다. 헛된 망상이 아니라 현실적으로 도움이 되는 길을 좇아야 한다. 그러기 위해서는 큰 그림을 볼 줄 아는 지혜도 중요하지만, 어쩌면 그 이상으로 과정 하나하나를 살필 줄 아는 일관된 마음도 필요하다.

주희朱熹는 "사람을 가르칠 때는 먼저 물 뿌리고 쓸며 부름에 답하고 물음에 답하며 나아가고 물러나는 예절과 부모를 사랑하고 어른을 공경하며 스승을 존경하고 벗을 가까이 하는 도리를 가르쳤다. 이는 모두 몸을 닦고 집안을 잘 이끌며 나라를 다스려서 천하를 태평하게 하는 바탕이 된다"라고 했다. 교육뿐만 아니라 퍼펙트워크 역시 이러한 정신을 본받아야 한다.

어떤 일도
절대 만만하지 않다

성공한 사람과 실패한 사람 사이에 어떤 큰 차이가 있느냐고 묻는 사람이 종종 있다. 사실 체력이나 지식 등 객관적 조건에서 이들 사이에는 생각하는 만큼 커다란 격차가 존재하지 않는다. 다양한 일과 목표, 전망 등 여러 가지 요소에서 성공과 실패를 가르는 원인을 찾아볼 수 있겠지만 '일을 해낼 수 있는가?', '어떤 결과를 얻었느냐?'에 따라 누군가는 성공을, 누군가는 실패를 경험하게 된다.

고양이가 계속해서 쥐를 잡아먹자, 사태를 더 이상 가만히 두고 볼 수 없다며 대왕 쥐가 사방에 있는 쥐를 소집해 긴급회의를 열었다. 고양이에게 매운맛을 보여주자는 주장에 많은 쥐가 동조하며 토론을 벌이는 등 적극적인 모습을 보였다. 하지만 어찌 된 영문인지 회의가 반나절 동안이나 계속 진행됐음에도 불구하고 실천 가능한 방법을 도통 찾아볼 수 없었다. 그때 '똑똑이'라고 불리던 쥐가 자리에서 벌떡 일어나 입을 열었다.

"여러 가지 사실에서도 알 수 있지만 고양이 녀석의 실력은 상당합니다. 우리가 죽기 살기로 덤벼도 놈의 상대가 될 수 없어요. 그런 고양이를 이길 수 있는 유일한 방법은 오로지 방어뿐이에요!"

"어떻게 방어한단 말이냐?"

"고양이 목에 방울을 다는 거죠. 그렇게만 하면 고양이가 움직일 때마다 목에 걸린 방울이 울릴 테니 방울 소리가 들리면 무조건 쥐구멍으로 도망치면 돼요!"

"오오, 그거 좋은 생각이군. 역시 똑똑이야."

고양이 목에 방울을 달아 언제 있을지 모르는 기습공격에 대비하자는 똑똑이의 이야기에 회의장을 채운 수많은 쥐를 비롯해 대왕 쥐 역시 크게 기뻐했다. 이제는 아무 걱정 없이 살아도 된다며 서로 얼싸안더니 커다란 연회를 열어 흥청망청 놀기 시작했다. 하지만 다음 날 술에서 깨어난 그들은 뭔가 문제가 있음을 깨달았다. 다시 긴급회의를 소집한 대왕 쥐가 입을 열었다.

"고양이 목에 방울 달기 프로젝트는 비준을 거쳤으니 이제 실행을 해야 한다! 누가 위대한 임무를 수행할 영광을 차지하겠나? 원하는 자는 자리에서 일어나게!"

대왕 쥐의 이야기에 회의장 안은 순간 조용해지더니 무거운 침묵이 내려앉기 시작했다. 오랜 침묵을 깨고 대왕 쥐가 명령을 내렸다.

"지원자가 없다면 내가 직접 지명하겠다. 그래, 꼬맹이. 머리회전이 빠른 네가 방울을 달면 되겠구나."

"아이고 대왕님, 전 아직 어리고 경험도 없습니다. 그런 제가 방울을 달다 실수라도 하면 어쩝니까? 아무래도 경험이 많은 자가 좋을 듯합니다."

"그렇다면 우리 중에서 경험이 가장 많은 '할아범'이 좋겠군. 할아범, 자네가 가게!"

"아이고, 저는 너무 늙어서 눈도 침침하고 발도 느린데 제게 어찌 그런 막중한 일을 맡기려 하십니까? 체력이 좋은 젊은 놈이 낫지요!"

울먹거리는 늙은 쥐의 애절한 부탁에 대왕 쥐는 고민에 빠졌다.

'누구를 보내면 좋단 말인가?' 대왕 쥐는 아이디어를 낸 똑똑이를 불러오라고 명했다. 이 소식을 들은 똑똑이는 '쌩' 하는 소리와 함께 꽁지 빠지게 도망쳤다. 결국 죽을 때까지 대왕 쥐는 고양이 목에 방울을 달겠다는 숙원을 풀지 못했다.

고양이 목에 달리지 못한 방울은 위기에서 벗어나게 해줄 수 없다는 점에서 방울이 아예 없는 것과 다름없다. 확실한 일처리가 이뤄져야 투철한 책임감이 생기고 문제가 생겼을 때 책임 소재도 분명히 가릴 수 있다. 자신이 정한 목표에 도달하려면 반드시 실천 가능한 방법을 강구해야 한다. 그럴듯한 이론만으로는 부족하다. 행동으로 옮길 줄 아는 용기와 힘이 필요하다.

평범한 일상 속에서 일어나는 수많은 일은 만만하게 보이지만 '만만하다'는 것이 '쉽다'는 뜻은 아니다. 예를 들어 자동차에 주유하는 일은 상당히 쉬워 보인다. 주유구를 열고 호스를 안으로 집어넣은 뒤 기름이 꽉 찰 때까지 기다렸다가 호스를 빼면 된다. 하지만 이처럼 쉬워 보이는 일을 페트로차이나中國石油, Petrochina(중국 최대 석유업체)가 운영하고 있는 주유소에서는 무려 열세 단계로 나눠 진행한다. 고객이 주유원의 시야에 들어올 때부터 기름을 넣고 주유소를 떠날 때까지 다음과 같은 절차로 된 규정이 있다. 손님에게 인사하기 – 차량 안내하고 인도하기 – 차문 열어주기 – 미소로 응대하기 – 공손히 질문하기 – 주유구 열기 – 준비하기 – 주유하기 – 차량 청소하기 – 호스 빼고 정리하기 – 계산서 제시하기 – 배웅하기 – 뒷정리하기.

위의 절차를 순서대로 빠짐없이 해내기란 그리 쉬운 일이 아니다. 각 단계별 절차에는 많은 디테일한 요소가 뒤따른다. 이를테면 차량이 주유소에 진입할 때 운전자는 주유원이 어느 쪽으로 차량을 인도

할 것인지, 어떤 제품을 사용할 것인지 등 재빨리 정확한 판단을 내려주기를 바란다. 여기에서 요구되는 디테일은 바로 '신속함'이다. 은행 창구에서 일하는 사람이라면 고객으로부터 위탁받은 금액을 구두로 정확하게 확인시켜줘야 하고 거스름돈을 건넬 때는 '두 손으로 공손히 고객에게 건네야 한다'라는 디테일한 작업을 수행해야 한다.

세상에 무시해도 되는 만만한 일 따위는 없다. 절대 무공이 없는 것처럼 우리의 삶과 일 속에서 직면하게 되는 문제, 예를 들어 사무 처리, 마케팅 플랜, 기업 경영 등의 문제에도 '절대 비법' 따위는 없다. 이른바 '절대 비법'이라는 것은 보이지 않는 디테일이 오랜 세월 동안 쌓이고 깎이며 생겨난 것이다. 로마는 하루아침에 이뤄지지 않았다는 서양속담처럼 말이다.

일을 우습게 대하지 마라. 일이 주어진 것으로 일이 끝난 것이 아니다. 감정적인 충동보다는 냉철한 이성의 편에 서라. 큰 성과를 일으려면 잊어서는 안 될 깨달음이다. 하이얼海尔,(중국 최대의 가전제품 생산 회사) 그룹을 이끄는 CEO 장루이민張瑞敏은 이런 이야기를 하기도 했다. "만만한 일을 제대로 끝내기란 결코 만만하지 않다. 평범한 일을 제대로 해내는 것 역시 평범한 것이 아니다."

중학교를 졸업한 후 사회로 뛰어든 열아홉 살의 시골 처녀가 우여곡절 끝에 다롄大連 땅을 밟았다. 새로 지은 멋들어진 건물을 정신없이 구경하고 있던 그녀 앞에 갑자기 커다란 고급 세단이 멈춰섰다. 이 건물의 주인인 듯한 여성이 차에서 내리자, 시골 처녀는 재빨리 달려가 자신의 사정을 말하며 일자리를 달라고 부탁했다. 시골 처녀의 용기를 높이 산 여사장은 건물 청소를 하라며 일자리를 내주었다.

열아홉 살에 불과한 시골뜨기 아가씨는 매일 아침부터 저녁까지 부지런히 건물 구석구석을 돌며 열심히 청소하기 시작했다. 그렇게 하기를 보름, 10층이 넘는 건물은 번쩍번쩍 빛이 날 정도로 깔끔해졌다. 일처리가 얼마나 꼼꼼했는지 시골 처녀가 청소를 하고부터 환경이 쾌적해졌다는 이야기가 사장의 귀에 들어갈 정도였다.

만족한 여사장은 지금 하던 대로 건물 전체의 위생을 관리해달라며 그녀에게 팀을 꾸려줬다. 처음에는 그저 시골에서 갓 올라온 아가씨가 안됐다는 생각에 아무 일이나 맡겼지만 매일 열심히 일하는 그녀의 모습에 감동한 여사장이 일부러 오랫동안 일할 수 있는 자리를 마련해준 것이다. 이렇게 해서 시골 처녀는 한 회사의 위생을 책임지는 자리에 올랐다. 승진한 후에도 요령 부리지 않고 열심히 일한 덕분에 시골 처녀는 해당 기업이 운영하는 자회사인 위생 관리 업체와 가정용품 회사의 책임자 자리에 오를 수 있었다.

그로부터 10년이 지난 후 서른 살이 된 시골 처녀는 해당 기업의 '부사장'이자, 다롄 시 인대人大(중국인민대표대회의 약칭으로 지방의회에 해당하는 기구) 대표가 됐다.

작은 일에서부터 시작해 두각을 드러내면 큰일을 이룰 수 있다. 어떤 일도 절대 만만하게 보지 말고 성심성의껏 대하도록 자신을 열심히 채찍질하라. 그러면 평범한 자리에서 위대한 기적을 일굴 수 있다.

문제는 피하는 게 아니라 해결하는 것이다

산 앞에 다다르면 반드시 길이 있다.
다만 그 길은 무성한 수풀 사이에 숨겨져 있거나
커다란 바위 뒤에 숨겨져 있을 뿐이다.

일상적인 업무에서 우리는 많은 시련과 어려움에 직면한다. 힘들고 괴롭다고 해서 무조건 어려움에서 도망치는 것은 퍼펙트워크와는 정반대되는 일이다. 물론, 시련에 과감하게 도전했다가 잠재된 문제를 키우기라도 하면 곤란한 처지에 놓일 수도 있다. 그에 반해 시련에 맞서지 않고 회피하면 위험을 최소화할 수도 있다. 그러나 결코 성공에 도달하지는 못한다.

현명한 사람이라면 어려움 속에서 위기를 발견하는 동시에, 자신을 더욱 단련시킨다. 평범함에서 벗어나게 해줄 수 있는 '기회'에 주목하고 성공으로 가는 길을 찾아낸다. "당신이 해결하는 문제의 수준이 당신의 연봉을 결정한다. 문제해결 능력이 인생의 가치를 결정한다"라는 말을 기억해두기 바란다.

모든 일에는 저마다 어려움이 있다. 그러나 "하늘이 무너져도 솟아날 구멍이 있다"라는 속담을 믿으며 과감하게 앞으로 나아가는 편이 훨씬 현명하다. 하늘이 무너져도 솟아날 구멍이 있다는 이야기를 중국에서는 "산 앞에 다다르면 반드시 길이 있기 마련이다"라고 표현한다. 출구가 안 보이는 거대한 산 앞에 있다고 해도 빠져나갈 길, 그것도 많은 길이 숨어 있다고 확신해야 한다. 다만 그 길은 무성한 수풀 사이에 숨겨져 있거나 강가 옆, 커다란 바위 뒤에 숨겨져 있을 뿐이다.

스페인의 억만장자 나카시안은 평소와 달리 얼굴이 하얗게 질린 채 거실을 서성이고 있었다. 다섯 살 된 그의 어린 딸 멜로디가 학교에 가던 중에 세 명의 흉악범에게 납치됐기 때문이다. 나카시안은 범인들로부터 딸을 살려줄 테니 몸값으로 1000만 달러를 준비하라는 전화를 막 받은 상태였다.

뜨거운 솥에 빠진 개미처럼 안절부절못하던 나카시안은 거액을 치르고서라도 딸을 찾고 싶다는 생각에 300만 달러나 되는 현금을 마련했다. 하지만 몸값을 치르고도 딸을 무사히 되찾을 수 있을지 확신이 서지 않았다. 별다른 해결책이 보이지 않자 나카시안은 경찰에게 도움을 청했지만 경찰은 도움이 될 만한 아무런 실마리도 제공하지 못했다. 시간이 지나면서 멜로디에 대한 식구들의 걱정은 더해만 갔다.

그런데 "궁하면 통한다"는 말처럼 절망에 허덕이던 나카시안의 눈에 오페라 가수 출신인 아내 키메라의 최신 앨범이 들어왔다. 앨범 커버에는 아내의 사진이 실려 있었는데, 아내의 눈동자에 포토그래퍼의 모습이 고스란히 담겨 있었다. 그 순간 나카시안의 눈빛이 반짝였다. 범인들로부터 다시 협박 전화를 받은 나카시안은 딸아이가 살아 있는지 확인시켜달라며 아이의 사진을 보내달라고 했다.

얼마 뒤 나카시안은 범인들로부터 받은 사진을 확인하고 이를 경찰에 넘겼다. 경찰은 사진 전문가를 데려와 사진 속 멜로디의 눈동자를 확대해본 뒤 범인의 모습을 확인했고, 그들이 평소 출몰하는 지점을 파악했다. 이렇게 해서 무려 12일 동안 계속된 납치 사건은 커다란 진전을 맞이했고 경찰은 멜로디를 무사히 구출해내며 사건을 성공적으로 종료했다.

어려운 문제에 부딪힐 때 어떻게 해야 할지 모르겠다고 게으름을 부리거나 자포자기하는 것은 어리석은 일이다. 문제보다는 해결책이 항상 더 많은 법이다. 세상에는 건너지 못할 유사하流沙河(모래강)도 없고, 넘지 못할 화염산火焰山도 없다.[9] 먼저 냉정하게 자신이 직면한 문제를 파악하고 일의 전체 상황과 문제의 원인을 분석한 뒤 구체적인 상황을 이해하고 문제를 순조롭게 해결할 수 있는 돌파구를 찾아야 한다.

생각해보면 우리의 삶 자체가 쉴 새 없이 문제에 부딪히고, 문제를 발견하며, 문제를 해결하는 과정의 연속이다. 문제를 복잡하게 생각하는 것이 아니라, 문제를 단순화시키는 데 집중하라. 예상치 못한 문제가 나타났다고 해서 당황하며 쩔쩔맬 필요가 없다. 언뜻 복잡해 보이는 문제라면 애태우지 말고 침착하게 문제를 직시하고 동시에 여러 가지 방법 중에서 문제를 해결할 수 있는 최선책을 찾는 데 골몰하라.

미국의 33대 대통령 트루먼Harry Shippe Truman은 십무실 앞에 'Buck stop here!'라는 문구를 붙여놓았다. 미국인은 과거 물통을 전달하는 것을 'pass the buck'라고 표현했는데, 여기서 유래한 'to pass the buck to another'는 다른 사람에게 귀찮은 일을 떠넘기는 것을 뜻한다. 트루먼 대통령이 문 앞에 붙여놓은 문구의 뜻은 '문제는 여기까지만!'이라고 해석할 수 있다. 다시 말해서 귀찮은 문제는 자신의 집무실에서 자신이 해결하겠다는 뜻으로, 집 밖에 있는 다른 사람에게 문제를 넘기지 않겠다는 다짐을 담고 있다. 막중한 책임 의식이 일종의 습관처럼 자리 잡은 트루먼 대통령의 성품을 엿볼 수 있는 대목이다.

모두가 자신과 관련된 문제는 자신의 손에서 끝내야 한다는 트루먼 대통령의 태도를 배워야 한다. 높은 업무 효율을 자랑하는 팀에서 모든 구성원은 자신에게 부여된 임무를 독자적으로 처리할 책임을 지고 있다. 자신에게 주어진 문제를 해결하지 못한다면 팀 전체의 정상적인 업무 처리에 영향을 줄 수 있을 뿐만 아니라 퍼펙트워크를 지향하는 업무 방침마저 위태롭게 할 수 있다.

일하면서 직면하게 되는 문제는 수없이 다양하고 복잡하다. 문제가 발생했다면 시간을 질질 끌지 않고 규정된 시간 내에 주어진 임무를 완수할 수 있도록, 혹은 앞당겨 문제를 해결할 수 있도록 머리를 굴리는 수밖에 없다. '품질 규정'이라는 것은 일처리 과정이 누락되는 일 없이, 들어가야 할 재료가 모두 정확하게 투입될 수 있도록 상품의 품질을 보장하는 것이다. '수량 기준'은 하나도 빠짐없이 규정된 수량을 만들어낸다는 뜻이다. 가능하다면 비교적 용이한 기준에 안주하기보다는 자발적으로 어려움과 시련에 도전해 자신을 채찍질해야 한다. 자신의 실력을 키워야만 월등한 경쟁력을 유지할 수 있기 때문이다.

1977년 11월 4일 상하이 친장錦江 호텔의 지배인 런바이준任百尊은 근심 가득한 표정으로 수화기를 내려놓았다. 그는 지금 막 정부로부터 긴급 호출을 받았다. "파키스탄의 무함마드 지아 울 하크 Muhammad Zia-ul-Haq 장군을 포함한 일행 75명이 전용기로 오던 중 기상 악화로 베이징에서 착륙할 수 없게 되었네. 논의 끝에 우선 상하이에 비상 착륙한 뒤 우리 측에서 장군 일행에게 숙소를 마련해주기로 했네. 장군을 태운 전용기가 지금 막 상하이로 기수를 돌렸네. 두 시간 뒤면 장군이 상하이에 도착할 테니 장군 일행을 맞이할 준비를 하게나."

장군이 상하이에 도착하기까지 남은 시간은 겨우 두 시간. 가뜩이나 시간도 촉박한데 중국을 찾은 해외 국빈에게 한 치의 실수도 용납하지 않는 완벽한 서비스를 어떻게 제공한단 말인가. 냉정한 표정으로 생각에 잠겼던 런바이준은 즉각 매니저 회의를 소집하라는 지시를 내렸다. 최대한 빨리 팀을 꾸리고 두 시간 내에 모든 환영 준비를 마치는 길 외에 다른 수가 없었다.

"여러분, 잘 들으세요. 두 시간 뒤면 차량 행렬이 상하이에 도착할 예정입니다. 우리는 120분 안에 모든 준비를 완벽하게 마쳐야 합니다. 이번 국빈 일행은 대규모 방문단으로 75채의 객실이 마련돼야 합니다. 100대로 구성된 차량 팀도 있으니 100~200명에게 식사 서비스도 제공해야 합니다. 이 모든 작업이 두 시간 내에 완벽하게, 정확한 수량대로 끝나야 합니다!"

런바이준의 긴장감 실린 명령이 떨어지자마자 호텔 전 직원이 총

출동했다. 장군 일행의 도착을 10분 남겨두고 최종 확인 작업에 나선 런바이준은 먼저 객실에 들러 방문을 열고 하나하나 자세히 살피기 시작했다. 바닥, 벽, 천장에는 먼지 한 톨 없었고 침대도 주름 하나 없이 완벽하게 세팅됐으며 베게 높이도 완벽했다. 만족한 듯 고개를 끄덕인 런바이준은 침대 머리맡에 놓인 화병을 확인했다. 가지마다 꽃봉오리가 달려 있는지, 싱싱하고 아름답게 장식돼 있는지 꼼꼼히 확인했다.

모든 객실을 확인한 런바이준은 환한 미소로 무장한 종업원들을 바라보며 만족스러운 미소를 지었다. 그때 총주방장으로부터 식사 서비스가 나갈 수 있도록 주방도 모든 준비를 마쳤다는 연락이 왔다. 모든 준비 작업이 완료됐을 때 런바이준은 전화를 받았다. "국빈 일행이 입구에 도착했습니다. 2분 뒤에 객실에 들어갈 예정입니다."

친장 호텔에 투숙한 지아 울 하크 장군 일행은 호텔 측이 제공한 서비스에 무척 만족하며 칭찬을 아끼지 않았다. 그제야 런바이준은 안도의 한숨을 내쉴 수 있었다. "국빈을 대접하는 일은 그 자체만으로도 어려운 일이지만 이번 경우 주어진 시간도 무척 촉박해 상당히 애를 먹었습니다. 그래서 전 직원에게 전쟁터에 선 병사처럼 모든 것을 신속·정확하게 해내라고 주문했습니다."

상대하기 어려운 국빈을 예정에도 없이 두 시간 안에 맞을 준비를 하라는 것은 세계적인 명성을 자랑하는 일류 호텔이라도 상당히 곤혹스러운 일이었을 것이다. '모든 것은 지휘관을 따르라'라는 정신이 없었다면, '정시에, 정확하게, 수량대로' 주어진 임무를 완수해내겠다는 정신이 없었다면 완벽한 서비스를 제공하지 못했을 것이다.

퍼펙트워크는 우리에게 문제를 회피하지 말고 과감하게 도전하고 문제를 해결하는 종결자가 될 것을 주문한다. 그 목적은 분명하다. 문제의 여지를 남겨두지 말자는 것, 그리고 지금 자신이 서 있는 자리에서 자신의 능력을 입증할 수 있도록 충분히 일을 배우자는 것이다.

여기서 멈추면
아무것도 달라지지 않는다

기회가 비껴갔다고 중도에서 멈추지 마라.
'언젠가'를 위해 준비하고 쌓아둬라.
그러면 사실상 당신은 미래를 위해 또 다른 기회를 만들어낸 것이다.

퍼펙트워크를 지향한다면 제아무리 작은 일도 완벽하게 해내는 것은 물론 더 나은 결과를 도출할 수 있도록 끊임없이 자신을 채찍질해야 한다.

미국의 대부호인 록펠러John Davison Rockefeller는 과거에 장부를 기록하던 평범한 경리 직원이었다. 당시 디테일과 사소한 일의 중요성을 잘 알고 있었던 그는 자신의 주머니에서 나간 돈이라면 얼마가 되었든 무조건 장부에 기록했다. 그는 그 일을 죽을 때까지 단 한 번도 중단한 적이 없다. 한 시대를 대표하는 세계적인 부호가 사회에 처음 발을 들여놓을 때부터 죽을 때까지 한평생 이런 습관을 지켰으니 세계 최고 부자가 될 만한 자격이 충분하다고 할 만하다. 당시 장부에 기록된 지출 내역을 보면 록펠러 특유의 꼼꼼함과 알뜰함에 절로 입이 벌어진다. 몇 센트에서 몇 달러에 이르는 지출 내역 중에는 결혼하기 전 아내에게 꽃을 사준 기록도 있다. 그런 그는 "숫자는 곧 돈이다. 절대로 대충 넘겨서는 안 된다!"라는 명언을 남기기도 했다.

이처럼 부지런히 성공을 향한 길을 닦으며 꾸준하게 평범한 자리에서 기회를 만들어내는 사람이 있다. 그들은 자신의 꿈을 이룰 기회를 포착하는 데 능하다. 반면 성공을 향한 '짝사랑'에만 애가 달아 수많은 기회를 놓치는 사람도 있다.

더 나은 결과를 얻기 위해 날마다 힘써라. 자신의 능력이 어디까지인지 시험해보고 계속해서 노력하는 것은 다른 사람이 아니리 바로 자신의 지속적인 성장을 위해서다. 어쩌면 같은 회사, 같은 자리에 있는데도 내게만 기회가 오지 않을 수도 있다. 그렇다 하더라도 멈추지 말고 언젠가 찾아올 기회를 위해 항상 준비한다면 당신의 능력은 이미 한 단계 더 성장해 있을 것이다. 사실상 당신은 미래를 위해 또 다른 기회를 만들어낸 것과 다름없다. 기회는 항상 준비된 자에게만 허락되기 때문이다.

그러니 멈추지 말고 꾸준히 나아가라. 그보다 더 자신에게 100퍼센트 충실하고 자신의 능력을 발휘할 수 있는 기회, 막중한 개인적 사명감을 배울 수 있는 길은 존재하지 않는다.

1973년 노벨평화상 수상자이자 미국의 유명 외교 전문가, 전 국무 장관 헨리 알프레드 키신저Henry Alfred Kissinger는 자신뿐만 아니라 자신과 뜻을 같이하는 이들에게도 상당히 엄격한 것으로 유명하다. 특히 그는 무슨 일이든 항상 '최고'로 해낼 것을 주문했다. 어느 날 그의 비서가 키신저에게 기획서를 올리며 내용을 검토해달라고 했다. 그의 요청에 키신저는 온화한 표정으로 입을 열었다.

"이게 자네가 할 수 있는 최선의 결과물인가?"

"네……."

자신 없게 대답을 하고 나서 한참을 머뭇거린 후에야 그는 다시 입을 열었다.

"다시 몇 군데를 수정하면 분명 더 좋은 기획서를 보여드릴 수 있을 겁니다."

그 말에 키신저는 그 자리에서 기획서를 돌려주었다. 2주가 지난 뒤 비서는 새로운 기획서를 제출했다. 그로부터 며칠이 지난 후 키신저의 호출을 받은 비서가 사무실의 문을 두드렸다.

"이게 자네가 할 수 있는 최선의 결과물인가?"

키신저의 질문에 비서는 머뭇거리며 입을 열었다.

"아마도 한두 군데 정도 수정이 필요한 곳이 있을 겁니다……. 그리고 이해하기 쉽도록 좀 더 설명을 덧붙여도 좋을 것 같습니다……."

'퇴짜'받은 기획서를 들고 사무실을 나온 비서는 다음에는 헨리 키신저를 포함한 그 누구도 트집을 잡지 못할 만큼 100퍼센트 완벽한 기획서를 가지고 오겠다고 이를 악물었다. 이때부터 비서는 밤낮 가리지 않고 열심히 기획서를 작성하기 시작했다. 야근을 밥 먹듯 하던 비서는 3주가 지난 뒤 기획서를 들고 득의양양한 표정으로 사무실 문을 두드리곤 키신저에게 자신의 기획서를 제출했다.

"이게 자네가 할 수 있는 최선의 결과물인가?"라는 익숙한 질문을 듣는 순간 그는 "물론입니다, 국무장관님!"이라고 대답했다.

"그럼 됐네. 그렇게 자신만만하게 대답할 정도로 열심히 작성한 기획서라야 나도 열심히 검토할 가치가 있지!"

키신저는 비서에게 구체적으로 무엇을 어떻게 하라고 직접적으로 이야기하지 않았지만 엄격한 일처리를 요구하며 비서 스스로 완벽한 일처리가 무엇인지 깨닫도록 했다. 현실에 안주하려는 이들이라면 자신은 어떠한지 한번 돌아보라. 자기 스스로 낮은 수준에 그치려고 하지 않는지를 말이다.

'세계 호텔왕'이라고 불리는 콘라드 힐튼Conrad Nicholson Hilton은 유명한 힐튼 호텔의 창업주다. 그는 자신의 호텔에서 일하는 전 직원에게 이런 주문을 내렸다.

"모두 명심해두기 바랍니다. 마음속에 있는 걱정을 절대로 얼굴에 드러내서는 안 됩니다! 호텔에 무슨 문제가 있든지 힐튼 호텔에서 근무하는 모든 직원의 얼굴에 드리워진 미소는 영원히 고객의 태양이 돼야 합니다." 사라지지 않는 작은 미소 덕분에 힐튼 호텔은 세계 곳곳으로 뻗어나갈 수 있었다.

사실 우리가 하고 있는 모든 일은 끊임없이 계속되는 것이다. 군대에 몸담은 병사라면 제식 훈련, 전술 연습, 경비 경계, 총기 관리 등과 같은 잡무를 매일 한다. 호텔에서 근무하는 호텔리어라면 언제나 고객에게 환한 미소를 선사하고 전혀 귀찮지 않다는 표정으로 고객의 질문에 답하고 객실을 청소하며 침대를 정돈해야 한다. 기업체에 몸담은 직장인이라면 매일 고객의 전화를 받거나 보고서를 작성하고 그래프 등을 그리는 문서 작업에 매달려야 한다.

이런 일들이 지겹다고 생각하는가? 부디 한 가지 사실을 기억해두기 바란다. 위에서 열거한 이야기는 바로 당신에게 주어진 일이다. 사람이 하는 일에는 저마다 의미와 가치가 있다. 퍼펙트워크를 위해 당신이 가진 모든 열정과 노력을 쏟아부어야 하는 이유가 바로 여기에 있다.

미국의 스탠더드 오일Standard Oil의 2대 CEO 존 아치볼드John Archbold는 평범한 부서 매니저였다. 출장으로 호텔을 찾을 때마다 아치볼드는 자신의 사인 옆에 항상 '1배럴당 4달러, 스탠더드 오일'이라는 글귀를 쓰곤 했다. 서신이나 영수증에도 마찬가지였다. 서명을 한 뒤에는 반드시 위의 문구를 함께 적었다. 그 모습에 다른 부서 사람들은 아치볼드를 '1배럴당 4달러 선생'이라고 불렀고, 어떤 이들은 부서를 관리하는 매니저가 바보 같은 짓거리를 한다며 깎아내리기도 했다.

그러나 이 소식을 들은 록펠러는 "직원 중에 우리 회사를 알리기 위해 일상에서 꾸준히 노력하는 사람이 있다고 하던데" 하며 큰 관심을 드러냈고, 실제로 아치볼드를 초대해 함께 만찬을 들었다. 훗날 퇴임한 록펠러를 대신해 스탠더드 오일을 이끌 CEO 자리에 오른 인물은 다름 아닌 스탠더드 오일 1배럴을 4달러에 제공하는 아치볼드였다.

아치볼드는 체면 차리기보다는 자신이 속한 회사를 습관처럼 꾸준히 홍보하는 일을 택했다. 그런 그를 비웃은 사람 중에는 빼어난 재능과 월등한 실력을 소유한 사람도 있었지만 결국 그들의 머리 위에 오른 것은 바로 아치볼드였다.

'꾸준함의 위대함'을 시사하는 짤막한 이야기 하나를 더 해보겠다.

어느 날 소크라테스가 제자들에게 특이한 제안을 했다. 자신의 팔을 앞으로 나란히 들어올리고는 흔드는 자세를 직접 취하더니 제자들에게 이렇게 말했다.

"오늘부터 이렇게 매일 300번씩 하는 거라네. 어떤가, 할 수 있을 것 같은가?"

스승의 이야기에 제자들은 그렇게 간단한 일도 못하겠냐며 크게 웃음을 터뜨렸다. 그로부터 1년이 지난 후 소크라테스는 제자들 앞에서 1년 전의 자세를 그대로 취하며 물었다.

"다들 어떤가? 열심히 이 운동을 하고들 있는가?"

그 자리에 있던 제자들은 침묵했다. 오직 한 제자만이 계속해서 스승과의 약속을 지키고 있었다. 그는 바로 훗날 위대한 철학자로 불리게 된 플라톤이다.

한번 시작한 일을 꾸준히 실천하며 노력하는 것은 결코 쉬운 일이 아니다. 누구나 처음의 마음을 쉽게 잊어버리기 마련이고, 현실에 치여 지금에 안주해버린다. 더 나은 방법과 해결책을 찾으려 하기보다는 현재에 만족하는 것이 어느새 최선이 돼버린다.

그러나 안주하는 것은 곧 도태된다는 것이다. 퍼펙트워크를 지향한다면 멀리 내다보며 더 나은 결과를 위해 노력하는 실천가가 돼야 한다. 그러기 위해서는 매일 하는 일을 깔끔하게 마무리 짓고 그 결과를 꼼꼼하게 평가하는 습관이 필요하다. 과거에 저질렀던 실수를 다시 또 저지르지는 않는지 돌아보고, 여러 개선사항 중에서 제대로 이뤄진 것이 있는지 점검하는 것이 바람직하다. 꾸준한 노력이야말로 프로로서 자신의 가치와 성장을 추구하는 길이기 때문이다.

Perfect
work

제3장

퍼펙트워크의 대상
Perfectwork's Target

책임을 지면 성과로 돌아온다

록펠러는 이렇게 말했다.

"열심히 일한 최고의 보상은, 무엇을 얻는 것이 아니라

열심히 일한 덕택에 우리가 무엇이 될 수 있다는 사실이다."

열심히 일해서 얻은 결과는 그저 회사의 '배'만 두둑하게 불려주는 듯하지만

실제로는 열심히 일한 자의 몫이다.

자신을 위해 일했다면 다른 사람을 뛰어넘어 성공에 한 발 더 가까이 다가갈 수 있다.

오늘 열심히 일하지 않으면 내일 열심히 일자리를 찾아야 한다.

제대로 일해야 한다는 투철한 책임감, 무거운 압박감은

거추장스럽고 부담스러운 존재가 아니다.

오히려 더 나은 자신을 위한 중요한 밑거름이 된다.

왜냐하면 일이란 다른 사람이 아닌, 바로 나 자신을 위한 것이기 때문이다.

소극적인 방어가 아니라
적극적인 공세로 나서라

책임을 포기하거나 소극적으로 대응하는 것은
제 손으로 앞길에 걸림돌을 가져다 놓는 것과 다름없다.
결국 넘어지는 것은 당신 자신이다.

책임감은 퍼펙트워크가 개인에게 요구하는 가장 기본적인 자질이다. 책임감 있게 일한다는 것은 무슨 뜻일까? 자신은 물론 자신이 속한 조직에 강한 책임감을 가지고 있다는 뜻이다. 진정한 의미의 책임감은 근로자의 자발적인 각성에서 비롯된다. 일에 대한 책임감은 근로자 자신이 자발적·적극적으로 사명감을 가지고 행동해야 비로소 가치를 지닐 수 있다.

샤오메이小梅와 샤오리小麗 두 사람은 동시에 같은 회사에 입사해 함께 마케팅 팀에서 인턴으로 일하게 되었다. 고객과의 연락을 책임지는 고객관리 업무 및 일반 사무 업무가 그녀들에게 주어진 첫 임무였다. 학력과 실력을 놓고 봤을 때 샤오리는 항상 샤오메이보다 한참 위였고, 그런 그녀를 부서 담당자도 꽤나 마음에 들어하는 눈치였다. 회사 생활에 무척 만족한 샤오리는 정직원이 될 수 있을 것이라며 자신의 미래를 확신했다. 이와는 반대로 샤오메이는 하루하루 죽을 맛이었다. 인턴 기간이 끝나면 둘 중 한 명만 회사에 남을 수 있는데 지금까지 평가를 놓고 봤을 때 자신이 아니라 샤오리가 회사에 남을 가능성이 훨씬 컸기 때문이다. 샤오리가 자신보다 한발 앞서 있는 것이 분명했지만 샤오메이는 포기하지 않고 주어진 일에 더욱 최선을 다하겠노라 다짐했다. 설사 회사에 남지 못한다고 해도 이번 기회에 업무 경험이라도 많이 쌓아둘 수 있다면 다음 직장을 구할 때 좀 더 수월할 것이라며 애써 자신을 위로했다.

어느 날 퇴근 시간을 앞두고 부서 책임자가 두 사람에게 현재 각자 책임지고 있는 고객 자료를 최신 자료로 업데이트한 뒤 퇴근하라고 일러두었다. 게다가 내일 회의에서 쓸 예정이니 반드시 오늘 안에 끝내야 한다고 신신당부까지 했다. 담당자가 사무실을 빠져나가자 샤오리는 짜증 섞인 목소리로 투덜거리기 시작했다.

"정말 너무해. 조금 있으면 퇴근인데 갑자기 일거리를 던져주고 자기만 쏙 빠져나가다니. 그나저나 어쩌지? 오늘 저녁 친구랑 같이 밥 먹기로 약속했는데……. 샤오메이, 나 먼저 퇴근할게. 웬만한 자료는 컴퓨터 안에 다 들어 있으니까 뽑아놓은 자료만 대신 좀 제출해줘.”

샤오리는 컴퓨터 안에 저장된 고객 자료를 후다닥 인쇄하더니 샤오메이에게 건넸다. 모두 퇴근하고 사무실에 혼자 남은 샤오메이는 자료를 준비하던 중 자신이 책임지고 있는 고객자료에서 일부 고객의 연락 번호가 비어 있는 것을 발견했다. 게다가 거주 지역도 제대로 분류되지 않아 고객 현황을 한눈에 파악하기 어렵다는 점을 깨달았다. 어떻게 할까 잠시 고민하던 그녀는 퇴근해봤자 크게 할 일도 없으니 나중에 편하게 일할 수 있도록 이참에 자료를 정리하기로 했다.

이튿날 회의에서 샤오메이가 제출한 자료는 고객 관련 최신 성보는 물론 거주별 정보도 분류돼 있어 누가 보더라도 한눈에 고객 현황을 파악할 수 있었다. 반면 샤오리의 자료는 엉망진창이었다. 성실한 일처리 자세, 적극적인 대응, 막중한 책임감에서 높은 점수를 딴 샤오메이가 정사원이 된 것은 당연했다. 훗날 샤오메이는 부서 책임자의 자리에도 오를 수 있었다.

일과 삶에 대한 책임감이 없는 사람이라면 사귈 만한 가치가 없을 뿐더러 다른 이들로부터 제대로 된 존중도 받지 못한다. 울며 겨자 먹기로 어떤 일을 책임진다면 설사 일했다고 하더라도 제대로 일했다고 보기 어렵다. 자신의 일에 책임감이 없는 사람은 전체 프로젝트의 진행에 부정적인 영향을 줄 뿐만 아니라 조직에도 '불협화음'을 내게 한다. 제아무리 중요한 위치에 있다고 한들, 제아무리 출중한 재능을 가지고 있다고 한들 회사 입장에서는 고통을 감수해서라도 불화의 싹을 잘라낼 수밖에 없다.

기업은 분명 뛰어난 능력을 갖춘 인재를 원한다. 하지만 능력 못지않게 사람의 인품 역시 중요하다. 능력이라는 것은 졸업장, 실적으로 증명할 수 있지만 인품은 무엇으로 검증하는가? 바로 책임감이다. 막중한 책임감을 갖추고 있다는 것은 자신의 모든 것을 기꺼이 던질 만큼 적극적으로 일에 매달릴 자신이 있다는 표현이자, 동시에 책임에 상응하는 보상을 받을 수 있다는 뜻이다. 반대로 제대로 된 책임감이 없다면 매사에 소극적으로 대처할 수밖에 없기 때문에 제아무리 뛰어난 능력을 가졌다 한들 좋은 직원이라는 평가를 받기 어렵다.

기업을 경영하는 모든 경영자는 능력이 다소 떨어지더라도 막중한 책임감을 가진 인재를 선호한다. 능력이야 시간이 지나면서 키울 수 있지만 책임감이라는 것은 단번에 생겨날 수 있는 것이 아니기 때문이다.

당신의 능력이 어떠하든 소극적인 대응 수준에서 벗어나 적극적으로 문제를 직시하고 책임지는 태도를 배워야 한다. 자발적으로 자신의 일에 책임질 수 있는 사람은 어떤 길을 가든, 어떤 자리에 있든 사람들로부터 신뢰를 얻을 수 있다. 자신의 일에 막중한 책임감을 가지고 있는 이상 무슨 일을 해도 반드시 성공할 기회를 낚아챌 것이다.

반대로 책임감이 결여된 일처리는 일을 그르치게 할 뿐만 아니라 다른 이들에게도 일처리가 꼼꼼하지 못하다는 인상을 준다. 극단적인 경우, 잘못된 일처리로 인한 법적 책임을 져야 하는 상황도 생길 수 있다.

선전 공항에서 환경미화원으로 일하고 있는 량리梁麗는 어느 날 쓰레기통 옆에서 300만 위안짜리 금시계가 들어 있는 상자를 '주웠다.' 상자를 열지 않고 화장실에 가져다 놓은 량리는 퇴근 후에도 물건 주인이 찾으러 오지 않자 상자를 집으로 가지고 갔다. 이튿날 경찰은 절도 혐의로 그녀를 체포했다.

이는 '자발적인 책임 의식'의 결여로 생긴 사건이다. 아마도 량리는 값비싼 시계가 든 상자를 챙길 생각은 없었을 것이다. 그저 빨리 퇴근하고 싶은 마음에 내일 주인을 찾아주면 된다는 안이한 생각으로 금시계가 든 상자를 집으로 가져갔을 것이다. 하지만 그녀는 상자를 잃어버린 사람이 어떤 심정이었을지 미처 생각하지 못했다. 일하면서 발생한 문제에 수동적으로 대처하지 않고 적극적으로 주인을 찾아줬다면 아마도 체포당하는 일은 없었을 것이다.

자발적인 책임이란 지금보다 더 나은 결과를 끊임없이 추구하는 향상심向上心으로, 진취적이고 적극적인 삶의 자세다. 책임감이 강한 사람은 항상 자신의 일을 생각하고 일처리 과정에서 문제가 생겼을 때 제 손으로 문제를 해결하겠다는 강한 의지를 가진다. 다른 사람에게 억지로 '등 떠밀려' 행동하는 것이 아니라, '스스로' 노력하고 '제 손으로' 성공을 쟁취하며 '자신이' 책임지겠다는 정신이다.

세상에 책임을 요하지 않는 일이란 없다. 그저 용감하게 자신의 일, 혹은 자기 자신에게 책임감을 가지고 기꺼이 나서려는 사람과 책임을 회피하고 남에게 책임을 전가하려는 사람이 있을 뿐이다.

문제가 발생했을 때 원인을 막론하고 무조건 소극적으로 대처하는 데 급급하지는 않은지 스스로 되돌아보고 고민해보라. 일한 만큼 보상을 받는 프로의 세계에서 일에 대한 막중한 책임감은 제대로 성장하기 위해 반드시 필요한 선택이다. 모든 사람이 어깨에 책임을 짊어지고 있다. 지금 하고 있는 일이 무엇이든 자신의 일에 책임감을 가지고 자발적으로 책임질 줄 알아야 한다. 책임을 포기하거나 소극적으로 대응하는 것은 제 손으로 앞길에 걸림돌을 가져다 놓는 것과 다름없다. 결국 넘어지는 것은 당신 자신이다.

사장의 기대를 뛰어넘어라

평생 아무것도 성취하지 못하는 사람은 두 경우로 나뉜다.
남이 등 떠밀지 않는 한 스스로 일할 줄 모르는 사람,
남에게 등 떠밀려 일하되 제대로 해내지 못하는 사람.

"자신이 일하고 있는 회사의 경영자를 최고의 고객으로 삼아라." 강연회에서 내가 자주 하는 이야기다. 직장이나 새로운 환경에 처음 발을 들여놓을 때 피고용인인 당신이 가장 먼저 상대해야 사람이 바로 경영자다.

경영자에 대한 책임은 경영자의 관점과 이익을 고려해 일하라는 뜻이다. 경영자는 자발적으로 일하는 직원을 선호하고, 기업 역시 자발적으로 중요한 책무를 짊어지는 인재를 선호한다.

우리는 주변에서 '독단적이다', '직원들과 어울리지 않는다', '실력

도 있고 생각도 있는데 사람 보는 눈이 없다'라며 경영자를 비난하는 불만을 자주 듣곤 한다. 하지만 정작 문제가 생겼을 때, 불평을 터뜨린 사람들은 자신이 할 수 있는 일이 아니라며 모든 책임을 경영자에게 떠넘긴다.

실제 현실에서도 수많은 평범한 직원, 심지어 주요 임원 역시 상사로부터 비난을 받지 않을까, 동료로부터 비웃음을 사지 않을까 전전긍긍하며 중임을 떠맡으려 하지 않는다. 중임을 맡느라 고생한 임원이 없는 기업이라면 치열한 경쟁 속에서 눈에 띄는 실적을 유지할 수 없다. 마찬가지로 과감하게 어려움에 도전하고 자발적으로 일을 찾아 하지 않는 사람이라면 직장에서 장기적인 발전을 기대할 수 없다.

리카이푸李開復(전 구글 차이나 사장)는 자신의 자서전『최상의 자신을 만들어라』에서 이런 이야기를 했다. "국제화 시대에 걸맞은 인재가 되려면, 정보화 시대에 무한한 가능성을 발휘하려면, 청년들은 수동적인 태도를 버리고 투철한 목표의식을 가져야 한다. 내가 곧 미래의 주인이라는 생각을 가지고 매사에 자발적으로 행동해라. 그리고 적극적으로 자신의 학업과 미래 전공을 '경영'해라. 내 일과 미래, 삶에 있어서 나 자신보다 더 큰 관심을 가진 사람이 없고, 내 인생과 사업을 경영하는 데 나 자신보다 더 나은 경영자도 없기 때문이다. 적극적, 자발적으로 행동해야만 진정한 '자신'을 찾을 수 있고 성공으로 가는 길 내내 즐거움을 맛볼 수 있다!"

적극적이고 자발적으로 중임을 맡아야만 현재 시장이 절실히 원하는 고급 인재가 될 수 있다. 직장인 사이에서 회자되던 우스개 이야기가 있는데 한번 들어보라.

마케팅본부장과 영업부장이 함께 엘리베이터를 탔다. 엘리베이터 안에는 많은 사람이 타고 있었는데 마케팅본부장이 그만 실수로 방귀를 뀌고 말았다. 사람들의 시선이 자신에게 쏟아지자 무안해진 마케팅본부장은 모두의 시선을 떨쳐버리려는 듯 영업부장을 뚫어져라 쳐다봤다. 그러자 사람들의 시선이 영업부장에게 쏟아지기 시작했다. 자신을 향해 쏟아지는 사람들의 시선이 부담스러웠는지 영업부장은 당황한 듯 "난 아니에요!"라고 외쳤다. 이 일이 있은 지 얼마 지나지 않아 영업부장은 면직당했다. 갑작스런 면직 소식에 영업부장은 말도 안 된다며 마케팅본부장을 찾아가 어찌 된 영문인지 물었다. "상사가 방귀 뀐 일조차 제대로 처리하지 못하는데 뭘 믿고 자네에게 일을 맡길 수 있겠나?"

이 이야기는 과장된 것이지만 실제로 '결정적인 대목'에서 상사의 체면을 위해 과감하게 나서야 할 때가 있다. 문제가 생겼을 때 책임 소재를 명확하게 따지고 안전한 일만 하려 드는 직원을 경영자는 필요로 하지 않는다.

우수한 인재는 회사의 입장에서 문제를 생각하고 회사에서 특정 결정을 내리게 된 경위를 꼼꼼히 살펴보며 그 속에 숨겨진 뜻을 읽어낼 줄 안다. 아무도 당신의 재능을 알아보지 못하고 인정하지 않는다고 해서 낙담하지 마라. 자신의 리더십과 학습능력을 펼쳐 보일 수 있는 기회를 찾기 위해 더 적극적으로 나서라. 그러면 과감하게 도전을 즐기는 사람으로 주변 사람에게 인식될 수 있는 것은 물론, 다른 사람과 구별되는 우월한 실력의 소유자로 성장할 수 있다. 물론 때로는 책임 때문에 억울한 일을 당할 수도 있고 심지어 피해를 볼 수도 있을 것이다. 하지만 그 시련과 시험 덕분에 차별화에 성공할 수 있고 다른 사람이 함부로 범접할 수 없는 경지에 도달할 수도 있다.

당신이 지금 무슨 일을 하든, 혹은 어떤 자리에 있든 퍼펙트워크는 자신의 현재 위치에 맞는 책임을 적극적으로 짊어지고 자발적으로 행동할 것을 주문한다. 빌 게이츠는 이런 말을 한 적이 있다. "좋은 직원은 스스로 일을 찾아서 하는 사람입니다. 자신의 실력을 키우기 위해 적극적으로 행동하는 사람이죠. 그런 직원이라면 강제적인 수단을 동원하지 않고도 적극성을 이끌어낼 수 있습니다."

회사에 몸담고 있는 직원이라면 상사가 당신에게 맡긴 일을 끝내는 데만 급급해하지 말고 회사의 입장에 서서 상사의 지시가 없이도 자신이 해야 할 일을 적극적으로 찾을 수 있어야 한다. 적극적인 행동은 기업에 더 많은 이윤을 가져다줄 뿐만 아니라 근로자 개인의 성장 가능성도 한층 키워줄 것이다.

프레드 올드리치Fred A. Aldrich가 별 볼 일 없는 직원에서 윌리엄 듀 란트William Crapo Durant[10]의 자회사를 이끄는 최고 책임자로 떠오른 이야기는 경영자에 대한 직원의 책임감이 얼마나 중요한지 보여주는 좋은 사례다. 올드리치가 최고 책임자의 자리에 오를 수 있었던 것은 항상 자신에게 주어진 일보다 더 많은 일을 하려고 노력했기 때문이 다. 직원들이 퇴근한 후에도 듀란트가 회사에 남아 계속해서 일한다 는 이야기를 들은 올드리치는 그가 도움을 필요로 할 때 언제든지 도 울 수 있도록 자신도 회사에 남아 일을 하곤 했다. 문서를 조사하고 자료를 인쇄하느라 바쁜 듀란트를 찾아간 올드리치는 자신이 일을 도와줘도 되겠냐며 물었다. 이 일을 통해 일에 대한 올드리치의 실력 과 열정을 알게 된 듀란트는 그에게 더 많은 기회를 제공했다.

많은 사람이 자신에게 주어진 일 외에 다른 일거리를 자발적으로 찾기보다 상사가 던져주는 일을 하는 데 더 익숙하다. 데일 카네기 Dale Carnegie는 이런 말을 남겼다. "평생 아무것도 성취하지 못하는 사 람은 크게 두 가지 경우로 나뉜다. 하나는 다른 사람이 억지로 등 떠 밀지 않는 한 스스로 일할 줄 모르는 사람이고, 나머지 하나는 남에 게 등 떠밀려 일하되 제대로 해내지 못하는 사람이다."

퍼펙트워크라는 엄격한 잣대를 자신에게 들이대는 사람이라면 감나무에서 감이 떨어지기를 바라며 멍청하게 감나무 아래에서 입을 벌리고 있지는 않을 것이다. 감나무에서 감이 떨어지기를 바라는 태도는 소극적인 기다림이다. 즉, 문제가 나타나기를 앉아서 기다리는 것이다. 그러면 퍼펙트워크는 이미 '강 건너 간' 셈이다. 성공학의 대가 나폴레온 힐Napoleon Hill은 "스스로 깨닫고 기꺼이 나서는 행동은 소중한 미덕이다. 무엇을 해야 한다고 누군가 명령하기 전에 자발적으로 해야 할 일을 하라"라고 충고했다.

무슨 일이든 경영자보다 더 엄격하고 까다로운 잣대를 자신에게 들이밀어야 한다. 재무 데이터를 보고하라는 업무 지시를 받았다면 해당 데이터는 물론 자세한 분석 결과와 설명을 제시할 줄 알아야 한다. 분석 보고서를 작성하라는 지시를 받았다면 문서로 된 보고서 외에도 PPT로 작성해 일목요연하게 상황을 보고해야 한다.

이직을 준비하는 인사부장의 자리를 대신하기 위해, 사장은 부서 내 과장 세 명을 후보자 리스트에 올렸다. 이들 중에서 과연 누구를 뽑아야 한단 말인가? 각 후보자를 좀 더 알아보기 위해 사장은 이들에게 똑같은 질문을 던졌다. "올해 직원 이탈률이 얼마나 되는가?"

첫 번째 후보는 확인한 후에 보고하겠다고 답했다. 잠시 생각에 잠긴 두 번째 후보는 올해 이탈률이 10퍼센트라고 대답했다. 세 번째 후보가 재빨리 입을 열었다. "사장님, 올해 전체 이탈률은 이번 달 기준으로 10퍼센트입니다. 일반 직원의 이탈률은 8퍼센트, 과장 이상의 주요 임원 이탈율은 2퍼센트입니다. 작년의 경우, 같은 기간의 일반 직원의 이탈률이 6퍼센트였는데 반해 올해 2퍼센트 포인트가 더 상승하게 된 원인은 최근 경쟁사가 대규모 인원채용을 추진하고 있기 때문인 것으로 분석됩니다. 경쟁사는 자사보다 높은 연봉을 제시한 데다 해외연수 기회도 제공하고 있어 고급 인재에게 크게 어필한 것으로 보입니다. 참고로 말씀드리면 이탈한 일반 직원은 주로 기술개발 인력, 엔지니어 및 품질 인력, 물류 부문의 과장급 직원이었습니다. 이러한 문제를 해결하기 위해 내년도 임금 조정안의 초안을 작성해보았습니다. 그 외에도 핵심인재 양성과 발전계획을 만들어 봤는데 이참에 사장님께 말씀드리고 싶습니다."

인사부장의 자리에 오를 사람은 누가 봐도 세 번째 후보나. 사징이 제시한 업무 외에도 그는 회사가 필요로 하는 자료와 데이터를 정확하게 준비한 데다 관련 내용을 숙지하고 있었다. 이런 직원이 가장 먼저 승진한 것은 당연한 결과였다.

적극적으로 일하라는 말은 귀에 못이 박힐 정도로 자주 듣는 이야기다. 지극히 당연한 이야기지만 이를 행동으로 옮기는 사람은 지극히 소수에 불과하다. 누구나 완벽하게 일하려고 생각하지만 문제는 이러한 결심을 과연 행동으로 옮길 수 있느냐에 달렸다. 다시 말해서 지금부터라도 경영자의 기대 혹은 예상을 뛰어넘도록 적극적, 자발적으로 행동하는 '고생'을 시작해야 한다.

또한 경영자의 예상보다 자발적으로 일하기 위해서는 과감하게 자신의 생각을 드러낼 줄 알아야 한다. 자신이 해야 할 일을 자발적으로 찾아낼 줄 아는 사람은 일단 자신의 생각과 의견이 생기면 한 치의 망설임도 없이 정확히 표현한다. 적극적으로 경영자에게 의견을 제시한다는 것은 더 많은 발언권을 얻게 되는 일이기도 하다. 그러므로 회사의 발전 계획과 경영자의 전략을 분석하는 데 집중해보라. 경영자가 지시를 내리기 전에 다양한 문제와 해결책을 사전에 준비하라. 그러면 당신은 경영자의 기대를 뛰어넘어 퍼펙트워크에 도달할 수 있을 것이다.

고객에 대한 책임은
곧 나에 대한 책임이기도 하다

옳은 일을 하기 위해 항상 최선을 다해야 한다.
사람들이 무엇으로 우리의 삶을 평가할지
알 수 없기 때문이다.

미국 동부시간으로 2009년 1월 15일 오후 3시 26분, 베테랑 조종사 체슬리 슐렌버거Chesley Sullenberger는 평소와 다름없이 뉴욕 라과디아 공항에서 1549편 여객기를 몰고 이륙했다. 그때만 해도 그는 잠시 뒤 자신과 154명이나 되는 승객이 생사의 갈림길에 설 것이라고는 꿈에도 생각지 못했다.

1549편 여객기는 오후 3시 넘어 뉴욕 라과디아 공항에서 이륙해

노스캐롤라이나 주의 샬롯 시로 향하고 있었다. 이륙한 지 얼마 되지 않아 비행기 엔진에 문제가 있다는 것을 확인한 슐렌버거는 무려 6000만 달러나 되는 비행기를 지킬 것인지, 아니면 비상착륙을 해야 할지 선택의 기로에 섰다.

쉽지 않은 고민 끝에 마침내 결단을 내린 슐렌버거는 뉴욕 맨해튼 근처의 허드슨 강으로 기수를 돌렸다. 거대한 몸집의 비행기를 강 위에 착륙시켜 비상 착륙에 따른 위험을 최소화하려 했던 것이다. "비행기가 허드슨 강 위를 맴돌던 순간은 숨이 막힐 만큼 긴장됐지만 제 판단이 옳다고 확신했습니다. 가족을 떠올릴 겨를도 없었습니다. 그저 비행기를 안전하게 착륙시키는 것만 생각했습니다."

풍부한 경험과 냉철한 이성을 바탕으로 슐렌버거는 여객기를 넓은 허드슨 강 위에 착륙시키는 데 성공했다. 강으로 착륙을 시도할 때 비행기가 아슬아슬하게 수면 위를 스치며 새하얀 거품을 쏟아내자 슐렌버거는 그제야 안도의 한숨을 내쉴 수 있었다.

사고가 발생한 후 여러 척의 선박이 사고 지역으로 달려와 신속하게 구조 작업을 펼쳤다. 그날 오후 뉴욕 지역에는 큰 눈이 내렸는데 당시 평균 기온은 영하 6도였다. 추운 날씨에다 강 위에서 구조 작업이 이뤄지다 보니 더딜 수밖에 없었지만, 탑승객들은 노란색 구명조끼를 입고 구조 요원의 도움으로 강 위에 떠 있던 비행기에서 차분히 빠져 나와 구조선을 통해 안전하게 병원으로 이송됐다.

미국 항공관리국에 따르면 당시 1549편 여객기에는 조종사 3명, 승무원 3명을 포함해 155명이 탑승하고 있었다. 조종사 슐렌버거는 금방이라도 강 아래로 침몰할 것 같은 비행기에서 마지막으로 빠져나왔다. 부상을 당한 그는 승객과 승무원 전원이 기체를 무사히 빠져나갔는지 두 번이나 직접 확인한 후에야 구조선에 몸을 실었다.

데이비드 패터슨David Paterson 미국 뉴욕 주지사와 마이클 블룸버그Michael Bloomberg 뉴욕 시장은 이 사건에 대한 논평을 발표했다. 패터슨은 슐렌버거를 '비극적인 사고'를 '허드슨 강의 기적'으로 바꾼 영웅이라고 평가했고, 블룸버그 역시 조종사의 뛰어난 기술을 칭찬했다. 슐렌버거가 사람들로부터 존경을 받을 수 있었던 것은 비행술이 뛰어나서가 아니라 일에 대한 책임감과 사명감 때문이었다. 여객기가 위험에 처한 순간, 슐렌버거는 본능적으로 1549편 항공기에서 가장 중요한 것이 무엇인지 생각했다. 그는 6000만 달러짜리 여객기기 아니라 승객 154명의 소중한 생명을 선택했다. 또한 그는 여객기가 강바닥으로 가라앉기 직전까지 자신의 임무를 성실히 수행했다.

그는 미국 전역에서 모르는 이가 없을 정도로 유명한 영웅으로 떠올랐다. 수천 통의 메일을 받은 것은 물론 그의 페이스북을 다녀간 사람 수만 해도 63만 5000명에 달했다. 슐렌버거는 당시 이런 이야기를 남겼다. "옳은 일을 하기 위해 우리는 항상 최선을 다해야 합니다. 사람들이 무엇으로 우리의 삶을 평가할지 모르기 때문이죠."

조종사 슐렌버거에게 막중한 책임감이 없었다면 기적은 일어나지 않았을 것이다. 어떤 자리에서든 다른 사람의 이익을 보호해줘야 하는 책임은 수반된다는 점을 우리는 명심해야 한다. 고객에 대한 책임은 곧 자신에 대한 책임이기도 하다. 강한 책임감으로 무장해야 완벽한 '양질'의 서비스를 제공할 수 있다. '양질'이라는 뜻은 흠 잡을 데 없이 완벽하다는 것이 아니라 고객의 니즈를 충분히 만족시킬 수 있느냐의 문제를 말한다. 고객에게 만족스러운 상품과 서비스를 제공해야 고객은 해당 상품을 오랫동안 신뢰하게 되고 '충성도'도 생긴다. 고객이 없다면 기업도 존재의 의미를 잃게 된다. 그러므로 고객을 위하는 일은 기업이 존재하기 위해 행해야 할 마땅한 책무다.

미국의 베스트셀러 작가 게리 블레어_{Gary R. Blair}는 "돈은 부차적인 존재일 뿐 유일한 목표가 돼서는 안 된다. 진정한 목표는 양질의 서비스와 상품을 제공함으로써 다른 사람을 위해 이익을 창출하는 것이다"라는 말을 남겼다. 진심으로 다른 사람을 위하는 것은 자신의 생명을 담은 등에 환한 불을 켜는 것처럼 다른 사람과 자신을 밝게 비추는 것이다.

고객을 최고로 섬기는 기업이라면 시장에서 그에 상응하는 보상을 받을 것이다. 또한 고객에게 맡은 바 책임을 다하는 직원이라면 주어진 임무를 퍼펙트하게 완수할 수 있을 뿐만 아니라 막중한 책임감과 호기심, 열정을 발판 삼아 자신을 한 단계 업그레이드시킬 수 있다.

리차드는 하버드대학교 법학대학을 졸업한 후 작은 사무소를 차렸다. 리차드의 세심한 진두지휘하에 사무소는 몇 년 만에 크게 성장했지만 최근에 한 가지 골칫거리가 생겼다. 자재 공장을 세우기에 적합한 택지를 발견한 고객이 리차드에게 이 땅을 꼭 사고 싶다며 일을 맡겨왔다. 반 년 동안 열심히 땅주인을 찾아가 땅을 팔라고 설득했지만 땅주인 할머니는 팔 생각이 추호도 없다며 눈썹 하나 꿈쩍하지 않았다.

큰 눈이 펑펑 내리던 어느 날 오후, 크리스마스 선물을 준비하던 할머니는 리차드의 사무실을 둘러보고 싶다는 생각이 들었다. 그동안 리차드가 자신을 찾아올 때마다 매정하게 문 앞에서 내쫓은 터라 그가 도대체 어떤 사람인지, 무슨 일을 하는지 잘 알지 못했기 때문이다. 리차드의 사무실을 찾아가 초인종을 누른 할머니는 눈길에 진흙투성이가 된 신발 때문에 차마 안으로 들어가지 못하고 한쪽 구석에서 머뭇거렸다. "어서 오세요!" 그때 얼굴 가득 환한 미소를 띤 젊은 여직원이 나와 인사를 해왔다. 여직원은 진흙투성이가 된 할머니의 신발을 보고는 자신이 신고 있던 슬리퍼를 냉큼 벗더니 할머니 앞에 가지런히 놓으며 말했다. "제가 신던 거지만 이걸 신으시겠어요?" 할머니가 슬리퍼를 신자 여직원은 환한 웃음을 짓더니 이내 허리를 숙이며 누구를 찾아왔는지 물었다. 리차드를 보러 왔다는 이야기에 여직원은 그가 건물 안에 있다며 자신이 직접 데려다 주겠다고 했다. 자식이 제 부모를 대하는 것처럼 여직원은 할머니를 부축해 건물 안으로 모시고 갔다.

할머니가 신은 슬리퍼는 언 발을 녹일 만큼 따뜻했지만 꽁꽁 얼어붙은 할머니의 마음을 녹인 것은 생전 알지도 못하는 자신을 도운 여직원의 따뜻한 배려였다. 순간 할머니는 무언가 깨달은 듯 중얼거렸다. "그래, 사람이 항상 제 이익만 챙길 수는 없지. 다른 사람 생각도 하며 살아야지." 여직원의 따스한 마음에 감동한 할머니는 죽어도 팔지 않겠다던 땅을 리차드에게 넘기기로 결정했다.

이 작은 에피소드에서 사랑과 관심을 핵심으로 하는 서비스의 힘이 얼마나 위대한지 알 수 있다. 실제로도 그렇다. 다른 사람을 위한 서비스는 인류 발전의 근간이며, 우리를 다른 사람과 이어주는 다리가 된다.

태국의 아고다 호텔은 아시아 최고 호텔로 불리며 세계 각국에서 온 여행객의 눈길을 사로잡고 있다. 아고다 호텔이 이처럼 세계적으로 호평을 받을 수 있었던 이유가 뭘까? 사실 그들에게 관광객의 눈길을 단번에 사로잡을 만한 위력적인 노하우나 무기는 없다.

영국 국적의 사업가 베이커가 사업 문제로 태국을 찾았다. 지난번에 이어 그는 이번에도 아고다 호텔에 투숙했다. 이른 아침, 식사를 하기 위해 방문을 나선 베이커를 본 객실 담당자가 다가와 조용히 입을 열었다.

"베이커 씨, 아침 식사를 드시겠습니까?"

"아, 네! 그런데 제 성을 어떻게 아셨어요?"

"저희 호텔에서는 모든 고객의 이름을 아는 것이 규정입니다."

객실 담당자의 이야기에 베이커는 크게 놀랐다. 내로라하는 세계적인 호텔에서 수없이 묵어봤지만 그 어디에서도 이런 대접을 받은 적은 없었기 때문이었다. 식당 안으로 들어가자 서빙을 하던 여직원이 환한 미소로 맞이했다.

"베이커 씨, 지난번 자리로 가시겠습니까?"

1년 전에 앉았던 자리를 여전히 기억하고 있다는 사실에 그는 또 한 번 놀랐다. 그런 베이커를 보며 여직원은 먼저 설명에 나섰다.

"조금 전에 기록을 확인해보니 작년 8월 6일에 창가 쪽 두 번째 자리에서 아침을 드셨더라고요."

"아, 맞아요. 그때 거기에 앉았었죠!"

"식사도 예전 식단대로 하시겠습니까? 샌드위치, 커피 한 잔, 그리고 달걀 요리를 드리면 될까요?"

물 흐르듯 자연스레 이야기하는 여직원의 모습에 베이커는 입이 떡 하니 벌어졌다. 거기서 끝이 아니었다. 식사 도중 여직원은 베이커가 주문하지 않은 요리도 가져왔다. 어떻게 된 영문인지 물으니 여직원은 식탁에서 두어 걸음 물러나더니 호텔에서 선보이는 이번 시즌의 '스페셜 메뉴'라고 설명했다. 왜 뒤로 물러나 이야기하느냐는 베이커의 물음에 여직원은 혹시라도 음식에 침이 튈까 봐 그런 것이라고 답했다. 베이커는 그 어디에서도 받아본 적 없는 극진한 서비스에 여러 차례 깊은 감명을 받았다.

태국에서 돌아온 지 2년, 업무에 쫓겨 사느라 베이커에게는 태국 땅을 다시 밟을 기회가 좀처럼 주어지지 않았다. 그러던 중 베이커는 아고다 호텔로부터 생일 축하카드를 받았다. 카드 안에는 호텔 전 직원이 진심으로 그의 생일을 축하한다는 메시지가 적혀 있었다. 자신의 생일날을 잊지 않고 챙겨준 아고다 호텔의 관심에 역시 크게 감동한 베이커는 친구들에게 태국에 가면 무조건 아고다 호텔에 묵으라는 추천을 늘 잊지 않았다.

객관적으로 볼 때, 아고다 호텔의 시설이나 환경이 동급의 호텔과 비교해서 크게 나은 점은 없었다. 하지만 그들은 고객의 예상과 상상을 훌쩍 뛰어넘는 철저한 고객 중심의 서비스를 선보였다. 남들이 소홀히 여기고 대수롭지 않게 넘기는 디테일에 집중하고, 고객 중심 서비스를 호텔 내 고객의 손길, 발길이 닿는 모든 곳에 연결시켰다. 또 이를 전 직원에게 숙지시켜 고객을 향한 배려가 행동에서 자연스레 묻어나도록 노력했다. 이러한 노력 덕분에 아고다 호텔은 여타의 호텔과는 비교도 안 되는 신뢰와 사랑을 받을 수 있었다.

고객에 대한 책임감은 먼저 고객을 감동시키는 데서 출발한다. 고객을 향한 사랑과 관심을 고객 스스로 느낄 수 있게 한다면 자연스레 고객에게 감동을 심어줄 수 있다. 당신으로부터 감동을 받은 고객은 당신을 위해 기꺼이 팔을 걷어붙일 것이다. 미국의 유명한 심리학자 매슬로우Abraham H. Maslow는 이런 이야기를 했다. "생각이 바뀌면 태도가 변하고, 태도가 변하면 습관도 변하게 된다. 습관이 변하면 성격도 거기에 따라 변한다. 그리고 성격이 변하면 그 삶 역시 바뀌게 된다." 고객에게 감동을 전하려는 마음, 고객에 대한 책임감을 지닐 수 있다면 퍼펙트워크를 실천하는 것이 결코 어려운 일만은 아닐 것이다.

당신의 고객에게 책임을 다하고 싶다면 먼저 고객을 당신의 마음에 담아라. 고객과의 거래나 협력이 결정 났다고 해도 당신의 일은 끝나지 않았다. 고객에 대한 당신의 책임감 역시 끝난 것이 아니다. 오히려 협력 관계가 확립됨에 따라 해당 고객에게 더욱 충실하고 더 큰 책임을 져야 한다. 항상 세 가지 질문을 던져라. 나는 누구인가? 내 고객은 누구인가? 고객이 나를 찾는 까닭은 무엇인가? 첫 번째 질문은 자신의 전략적 입지를 확립하기 위해 던지는 질문이고, 두 번째 질문은 고객의 입지 확인, 그리고 세 번째 질문은 자신의 장점을 찾기 위해 던지는 질문이다.

동료의식도
마땅히 책임져야 할 몫이다

다른 사람의 이익은 나의 손해가 아니다.
다른 사람을 돕는 것은
결국 나 자신을 돕는 길이다.

동료는 직장이라는 커다란 환경에서 중요한 의미를 지닌 구성원이다. 당신이 하려는 일은 동료의 지원과 도움이 필요하고, 당신이 몸담고 있는 회사 역시 동료와 당신의 적극적인 협력을 필요로 하기 때문이다. 일을 하면서 문제에 직면했을 때 아무래도 가장 먼저 도움의 손길을 청하게 되는 상대는 동료다. 일에 대한 책임감을 가지려면 자신이 속한 팀과 동료에 대한 책임감도 마땅히 갖춰야 한다. 아래의 이야기를 주목해보라.

평소 착한 일을 많이 하던 사람이 죽어서 하느님을 만났다. 천국과 지옥이 어떻게 다르냐는 질문에 하느님은 천사를 불러 그에게 천국과 지옥을 구경시켜주도록 했다. 천국에 도착한 그들의 눈앞에 온갖 산 해진미가 푸짐하게 차려진 커다란 식탁이 펼쳐졌다. 식탁에 둘러앉아 밥을 먹고 있던 사람들의 왼쪽 어깨에는 십여 척이 넘는 길이의 포크 가, 오른쪽 어깨에는 비슷한 길이의 나이프가 묶여 있었다. 저런 상황 에서 어떻게 음식을 먹을까에 대한 고민도 잠시, 이들은 서로 마주 보 고 앉아 긴 나이프와 포크를 이용해 반대편에 앉은 사람에게 음식을 떠먹여주는 등 시종일관 화기애애한 분위기 속에서 성찬을 즐겼다.

이어서 천사는 그를 데리고 지옥으로 갔다. 생각처럼 지옥이 무서 운 곳이 아니라는 사실에 그는 크게 놀랐다. 천국과 마찬가지로 산해 진미로 가득한 식탁이 차려져 있었기 때문이다. 의심 어린 그의 눈빛 을 읽은 천사가 조용히 입을 열었다.

"서두를 것 없습니다. 계속 지켜보세요." 잠시 뒤 식사 시간이 되 자, 한 무리의 사람들이 식탁을 채우기 시작했다. 먹음직스러운 음식 을 앞에 두고도 그들의 표정은 어둡고 피곤해 보였다. 게다가 하나같 이 피골이 상접한 모습이었다. 그들 역시 천국에서 봤던 사람들처럼 양쪽 어깨에 나이프와 포크를 달고 있었는데, 천국에서 서로에게 음 식을 떠먹여주던 사람들과 달리 그들은 제 뱃속을 어떻게 채울지 급 급해 보였다. 그러나 어떻게 해도 십여 척이나 되는 길이의 포크와 나이프 때문에 음식에 손이 닿을 리는 만무했다. 그들은 배고프다며 연신 괴로운 신음을 내뱉을 뿐, 결국 입 안으로 쌀 한 톨도 넣지 못했다.

다른 사람을 돕는 것은 결국 제 자신을 돕는 길이며, 다른 사람의 이익이 곧 자신의 손해를 뜻하는 것이 아니라는 교훈을 주는 이야기이다. 맞다. 다른 사람을 도우면 자신이 원하는 것을 얻을 수 있다. 다른 사람을 많이 도울수록 당신 역시 다른 이들로부터 많은 도움을 받게 될 것이다.

1977년 광시廣西의 한 철광 공장이 운영하고 있는 철광석 채굴장에서 심각한 인명 사고가 발생했다. 그날 저녁 6시를 조금 넘겼을 무렵, 20여 명으로 이루어진 작업팀은 위험한 작업 환경 속에서도 차분하게 채굴 작업을 진행하고 있었다. 그런데 갑자기 어딘가에서 묵직한 폭발음이 들리더니 작업장에서 300~400미터 떨어진 갱도에서 힘겹게 기어 나오는 사람의 모습이 보였다. 손을 흔들며 소리 지르는 것을 보니 구조를 요청하는 것이 분명했다. 그 모습에 작업장에 있던 인부들이 하던 일을 즉각 중단하고 현장으로 달려갔다.

급히 현장에 도착한 이들은 눈앞에 펼쳐진 참혹한 광경에 입을 다물지 못했다. 현장에서 당직을 서며 작업하던 동료가 완전하게 제거되지 못한 '불발탄' 때문에 심한 부상을 입고 피투성이가 돼 있었기 때문이다. 응급처치를 실시했지만 불발탄으로 얼굴과 두 눈에 심한 부상을 입은 동료는 끝내 불행의 상처를 고스란히 떠안아야 했다. 한쪽 눈은 완전히 실명했고 나머지 한쪽 눈도 시력이 크게 떨어져 간신히 명암을 구분할 정도였다. 늠름했던 얼굴에는 평생 지워지지 않을 커다란 상처가 남았다.

조사 결과, 사고의 원인은 그날 갱도에서 당직을 서며 채굴 작업을 하던 몇몇 동료가 작업장에 들어갈 때 일손도 줄이고 시간도 아끼자는 생각에 작업 환경을 꼼꼼하게 살피지 않았기 때문인 것으로 밝혀졌다. 결국 드릴을 담당하고 있던 동료가 아무 생각 없이 불발탄을 건드렸다가 현장에 있던 모든 인부가 끔찍한 피해를 입고 말았다.

작업장으로 내려가기 전에 제대로 작업 현장을 살피고 동료의 안전을 최우선으로 여기며 자신의 임무에 충실했다면 이러한 비극은 결코 일어나지 않았을 것이다.

조직에서 동료에 대한 책임은 곧 자신에 대한 책임과 다름없다. 우리 주변에는 다른 사람에게 도움의 손길을 내밀지 않으려는 사람이 있다. 자신에게 떨어지는 '콩고물'에 집착하며 '기브 앤 테이크give and take'라는 원칙을 신봉하는 이들은 항상 계산기를 바쁘게 두드리며 자신의 이익을 가장 먼저 챙긴다. 계속해서 그런 태도를 취하다 보면 동료들로부터 '거부 반응'을 끌어낼 뿐이고, 결국 '왕따'가 돼버리고 만다.

동료에 대한 책임감에서 무엇보다 가장 중요한 것은 상대방을 존중하는 일이다. 상호 존중은 모든 인간관계의 기본이다. 결코 뒤에서 동료를 비방해서는 안 된다. 자신은 '뒷담화'를 듣기만 할 뿐 중립을 지킨다고 생각할지 모르지만, 오가는 말에 귀를 기울이는 것도 바람직한 게 아니다. 동료 사이에는 솔직한 대화, 진실하고 유의미한 이야기가 오가야 한다. 올바른 마음만이 다른 사람의 호감을 살 수 있고, 진솔함만이 다른 사람의 진심도 살 수 있다. 동료와 나누는 솔직하고 진실한 대화는 사기 진작은 물론 목표 달성에도 도움이 된다.

영국의 시인 존 돈John Donne은 자신의 시에서 이렇게 노래했다. "누구든 그 자체로서 온전한 섬은 아니다. 모든 인간은 대륙의 한 조각이며 대양의 일부다. 만일 흙덩이가 바닷물에 씻겨 내려가면 유럽의 땅은 그만큼 작아지며, 만일 모래톱이 그리 돼도 마찬가지, 만일 그대의 친구들이나 그대의 땅이 그리 돼도 마찬가지다. 어느 사람의 죽음도 나를 감소시킨다. 왜냐하면 나는 인류 속에 포함돼 있기 때문이다. 그러니 누구를 위하려 종이 울리는지 알고자 사람을 보내지 말라! 종은 그대를 위하여 울린다!"

새해를 하루 앞둔 12월 31일, 회사에서 당직을 서게 된 샤오둥小東은 잔뜩 짜증이 나 있었다. 그도 그럴 것이 다른 사람들은 새해라고 집에서 식구들과 오붓한 시간을 보내고 있는데 자신은 어두컴컴한 갱도에서 혼자 일해야 했으니 말이다.

　오후 2시가 지났을 무렵, 작업 현장을 검사하고 돌아오던 중 샤오둥은 팀장의 자전거가 사무실 앞에 세워져 있는 것을 보았다. 사무실과 작업장을 확인하러 온 것이 분명했다. 가뜩이나 자신은 추운 작업 현장에서 외롭게 일하고 있는데, 감시까지 받고 있는 것 같아 순간 기분이 상했다. 울컥한 마음에 퉁탕거리며 사무실 안으로 들어갔는데 어찌 된 영문인지 팀장의 모습이 보이지 않았다. 조종실에 가보니 설비를 확인 중인 팀장의 모습이 보였다. 자신을 찾아온 샤오둥을 보고 팀장이 빙그레 미소를 지었다.

　"현장에 다녀온 건가?"

　"그러라고 저한테 당직 서라고 한 거 아닙니까? 제가 미덥지 못해서 직접 현장에 나오신 건가요?"

　잔뜩 짜증이 묻어난 목소리였다. 그 말에 팀장은 자상한 목소리로 차분하게 말했다.

　"빨리 검사표 작성하고 집으로 돌아가게. 내일 4시에는 다른 직원이 현장에 나올 테니 자네는 출근하지 않아도 괜찮네. 집에서 편안히 새해를 보내라고."

　샤오둥은 자신이 잘못 들었나 싶어 멍하니 팀장을 쳐다봤다. 그러자 팀장은 부모님께 효도하라며 얼른 퇴근하라고 거듭 말했다. 샤오둥은 그제서야 기쁜 마음으로 퇴근해 집에서 식구들과 새해를 맞이할 수 있었다. 그리고 나중에서야 샤오둥은 고향이 지방인 팀장이 한참이나 아래인 자신을 위해 오랜만에 고향에서 식구들 얼굴을 볼 기회를 양보했다는 것을 알게 되었다.

당신에게 관심을 갖는 동료와 함께 열심히 일할 수 있다는 것은 행운이고 행복이다. 동료에 대한 책임감은 팀 전체에 협동심과 동료의식을 불어넣어준다. 단결력은 위력적인 힘을 발휘한다. 동료들 간의 협동, 협력이 자발적으로 이뤄진 것이라면 그 힘은 더욱 오랫동안 지속된다.

여러 명의 구성원으로 이뤄진 팀에게 협동심, 단결심은 중요한 '동력원'이 되기 때문에 막중한 책임감을 가지고 이를 계속해서 키워나가야 한다. 우리 모두에게는 저마다의 꿈, 계획, 협력, 행동이 있다. 돕고 돕는 훈훈한 모습을 통해 우리는 서로에게서 장단점을 배운다. 때로는 부딪히기도 하고 때로는 하나로 똘똘 뭉치면서 과감하게 도전하고 혁신해야 한다.

옆에 있는 동료가 힘들어하고 의기소침해 있다면 힘내라고 어깨를 두드려주며 응원해라. 친한 동료가 성과를 거뒀다면 배 아파하지 말고 진심으로 함께 축하해주고 그의 능력과 노력을 인정해줘라. 그것이 단체정신이고 동료의식이다.

내가 만드는 상품이
나를 말해준다

최고의 인품이 최고의 책임감을 만들고
최고의 책임감이 최고의 상품을 만든다.
상품이 곧 인격인 것이다.

마쓰시타 고노스케는 "먼저 사람을 만든 후에 상품을 만들라"라는 명언을 남겼다. 이는 기업이 만드는 상품은 곧 인품이라는 말과 같다. 좋은 브랜드는 양질의 상품과 고귀한 인품의 합작품이기 때문이다.

어떤 업종에 몸담고 있든 우리는 모두 상품을 만들고 일을 완성한다. 그렇게 해서 탄생한 상품이나 서비스에는 생산자의 이름이 선명하게 찍혀 있다. 자동화된 생산 설비나 완전무결함을 자랑하는 전자동 생산 라인을 보유하고 있다고 해도 그것이 생산자의 '품질', 즉 인품까지 완전무결하게 해주지는 못한다. 그러나 분명한 것은 생산자의 인품은 상품에 결정적인 영향을 준다는 사실이다. 최고의 인품만이 최고의 상품을 만들어낸다. 그리고 최고의 인품은 상품에 대한 책임감으로 나타난다. 최고의 인품이 최고의 책임감을 만들고, 최고의 책임감만이 진정한 의미의 퍼펙트워크를 실현시킬 수 있다.

'싼루三鹿'에서 생산된 멜라민 분유 사건으로 중국 유제품 시장은 순식간에 유례없는 초대형 '쓰나미'에 휩싸였다. 멜라민이 인체에 유해하다는 사실을 뻔히 알면서도 일부 비양심업자가 더 많은 이익을 얻기 위해 우유의 단백질 함량 지수를 높이려고 의도적으로 멜라민을 첨가한 것이다. 생산 공장에서 독성이 함유된 제품을 시장에 유통시키는 바람에 죄 없는 수많은 어린 아이가 고통을 겪어야 했다. 양심이 있는 사람이라면 이처럼 끔찍한 상황을 지켜보며 미성숙한 인품, 비양심으로 물든 사회의 참상에 통탄했을 것이다.

싼루는 50년이라는 유구한 역사를 지닌 대표적인 중국 식품업체로, 약 150억 위안(약 2조 6000억 원)의 몸값을 자랑하는 중외합자사다. 100대 중국 식품 기업으로 선정되기도 한 싼루는 중국 최대 분유제조업체 중 하나로 평가받는 기업이었다. 생산량 면에서 15년 연속 중국 내 1위를 기록하던 싼루는 멜라민 분유 사건을 기점으로 업계 최고에서 바닥으로 추락했다. 싼루 경영진이 구속되면서 회사는 도산했고, 3만 명이나 되는 직원들은 하루아침에 일자리를 잃었다.

　인품이 바르지 못하면 결국 문제가 생기는 법이다. 싼루의 멜라민 분유 사건은 결론적으로 이야기해서 '사람'에 관한 문제다. '싼루' 그룹의 경영진과 관련 책임자의 인격적 결함, 사회적 양심의 부재, 직업의식의 붕괴, 기본적인 책임감의 결여로 생겨난 시대의 비극이다.

　원자바오溫家寶 전 중국 총리는 멜라민 분유 사건을 향해 거침없는 쓴소리를 내놨다. "기업가에게는 양심이라는 피가 흘러야 합니다. 성장 가능성을 가진 기업의 기술, 상품과 경영 방침 그리고 배후에서 이들을 이끌고 이들에게 영향을 주는 기업이념, 도덕과 책임 등 이른바 하드웨어와 소프트웨어가 조화롭게 결합돼야만 경제와 기업을 구성하는 DNA가 될 수 있습니다."

　상품이라는 것은 사람의 손을 거쳐 완성되고, 브랜드 역시 사람의 노력을 통해 탄생한다. 잘못된 인격을 갖춘 사람이라면 제아무리 양질의 상품, 유명한 브랜드를 만들어낸다고 해도 잠깐의 성공에만 그칠 뿐 결국 아무것도 얻지 못한다. 상품에 대한 책임감이 없다면 타성에 젖거나 이기주의에 빠져 '나랑 상관없다'는 태도로 업무를 대할 가능성이 높다.

　중국 최대의 IT기업인 화웨이華爲는 자사에 입사한 모든 사원을 말단직에 보내 산업 현장을 경험케 하는 독특한 제도를 실시하고 있다.

화웨이는 박사 출신이라고 해서 사무실에 편안히 앉아 컴퓨터만 두드리도록 내버려두지 않는다. 매년 대규모 연구 개발인원을 생산, 고객 서비스 등 현장 일선에 배치하고 있다. 이러한 조치는 자사 상품에 100퍼센트 책임감을 가지고 고객을 최우선으로 생각하라는 화웨이의 경영자인 런정페이任正非의 가치관을 고스란히 담아내고 있다. 사내 강연회에서 런정페이는 직원들을 향해 목소리를 높였다. "아이디어, 혁신의 목표는 상품에 전문 기술, 양질의 고효율을 끊임없이 새롭게 부여하는 것입니다. 신제품 연구 개발에 종사한다고 해서 그 자체만으로 혁신이라 할 수 없습니다. 혁신의 본질을 곱씹어 봤을 때, 유행이 지난 제품을 소비자의 입맛에 최적화시키는 작업이야말로 오히려 혁신이라고 할 수 있습니다. 핵심은 연구개발 성과에 대한 책임을 상품에 대한 책임으로 전환해 100퍼센트 책임지고 고객에게 완벽한 서비스를 제공한다는 '화웨이'만의 가치를 실천하는 데 있습니다."

장루이민이 이끄는 하이얼 그룹은 또 어떤가. 현재 중국이 자랑하는 세계적인 가전 업체로 우뚝 섰지만 사실 과거 하이얼의 경영 상태는 엉망진창이었다. 하이얼에 합류한 장루이민이 CEO의 자리에 오른 후 가장 먼저 세운 규정이 '아무 데서 볼 일을 보지 마라'라는 내용이었다는 점을 감안할 때, 당시 하이얼의 경영 상태가 어땠는지 쉽게 짐작할 수 있다.

1985년 내부 경영 혁신에 착수한 하이얼은 121개 관리 규정, 49개 업무 규정, 1,008개 기술 규정을 담은 '품질 보증 수첩'을 펴냈다. 생산된 상품에 자신의 이름을 걸겠다는 투철한 책임감을 강조한 장루이민은 기업 내부 정리에 나서는 한편, 여러 번의 시행착오와 거액의 투자를 통해 사소한 일도 놓치지 않고 작은 것부터 살필 줄 아는 기업문화를 세우는 데 집중했다. 그렇게 해야만 하이얼이 제대로 된 길을 갈 수 있다고 확신했기 때문이다. 이를 위해서 장루이민은 과감한 개혁을 추진했는데, 그중에서도 '냉장고 부수기' 사건은 지금도 회자될 만큼 유명하다.

1985년 12월의 어느 날, 하이얼에서 생산된 최신 냉장고 76대가 커다란 망치를 든 직원들의 손에 의해 산산조각 났다. 망치를 든 직원들의 눈에는 그렁그렁 눈물이 맺혀 있었다. 도대체 무슨 일이 있었던 것일까?

품질조사 과정에서 장루이민은 재고가 얼마 남지 않은 냉장고 중에서 76대가 품질 기준을 통과하지 못했다는 사실을 확인했다. 당시 관례에 따르면 이들 냉장고는 일괄 수리를 거쳐 시장에 재유통될 예정이었지만 당시 제품 생산을 책임지고 있던 장루이민은 모든 직원이 보는 앞에서 76대를 전량 폐기하기로 결정했다. 이를 두고 지나친 조치라며 가격을 낮춰 생산자에게 팔자는 의견이 쏟아져 나오기 시작했다. 그도 그럴 것이 당시 냉장고 한 대 가격이 하이얼 생산 근로자의 2년 치 연봉에 해당하는 800위안이었기 때문이다. 그러자 장루이민이 조용히 입을 열었다. "싼값에 이 냉장고를 여러분에게 판다면 결국 여러분에게 결함이 있는 냉장고를 생산해도 된다고 말하는 것과 다름없습니다. 그렇게 되면 지금 76대나 되는 불합격 제품이 내일은 760대, 그다음 날은 7600대로 늘어날 수 있죠. 이번 문제는 그냥 넘어갈 수 없습니다!"

장루이민은 생산 책임자에게 망치를 들고 불합격판정을 받은 냉장고를 깡그리 부수도록 했다. 직원들은 제 손으로 만든 냉장고가 부서지는 것을 보며 마치 자신이 망치질을 당하는 듯한 커다란 충격에 휩싸였다. 이 사건으로 하이얼은 상당한 경제적 손실을 입었지만 직원들에게 품질에 대한 회사의 단호한 결심과 과감한 행동을 보여주며 작업자의 업무평가 기준을 한 단계 끌어올리는 성과를 얻었다. 상품에서 결함이 확인됐으니 심각한 문제라고 직원들 스스로 생각하게 된 것이다.

상품에 대한 책임 있는 태도란 바로 이런 것이다. 품질에 대한 엄격한 가치관을 갖지 않는 한 상품의 품질 문제는 제대로 해결될 수 없다. 자신의 전문적인 브랜드를 만들고 싶다면 더 나은 결과를 찾는 데 힘쓰고 완벽을 구현하는 데 노력하라. 자신에게 주어진 일을 온전히, 확실하게 끝냈을 때 느끼는 쾌감과 보람은 말로 형언할 수 없는 것이다. 하지만 대부분의 사람은 자신의 일에 최선을 다하기보다 '이 정도면 됐다'라며 대충 넘어가기 일쑤다. 성공적인 업무를 위한 가장 기본적인 요건조차 제대로 만족하지 못했다면 얼마 지나지 않아 그동안 일궈왔던 모든 것이 모래성처럼 순식간에 주저앉을 것이다.

상품에 대한 책임감은 업무의 시작에서 종료에 이르는 전 과정에 일관되게 반영돼야 한다. 자리에 높고 낮음이 없듯 일에도 큰일, 작은 일이 따로 없다. 내 손으로, 내 땀으로 만들어내는 모든 것은 가치를 지니고 있다. 그 가치를 훼손하지 않으려면 지금 제 손에 쥐어진 것에 완벽히 책임을 져라. 그것이 곧 자신의 삶을 책임지는 것임을 잊지 마라.

누구를 위해 일하는지
똑똑히 알라

일이란 자신의 가치를 높이고 재능을 선보이는 무대다.
일은 누구를 위해서 하는 게 아니라
바로 자신을 위해 하는 것이다.

화이트칼라, 골드칼라 같은 이름을 좇느라 '일'의 진짜 의미를 제대로 이해하지 못하는 사람이 있는가 하면, 목구멍이 포도청이라 일을 한다거나 자신은 그저 일개 '피고용인'에 지나지 않는다고 생각하는 사람도 있다. 이렇듯 소극적으로 생각하다 보니 그들의 생활은 다람쥐 쳇바퀴 돌듯 고정된 틀 안에서만 이뤄진다. 아침이면 졸린 눈을 비비며 허둥지둥 출근하고, 저녁에는 지친 몸을 이끌고 터덜터덜 퇴근하는 일상을 되풀이하다가 월급날이 되면 한껏 들뜬 표정으로 계좌에 입금된 급여를 확인한다. 통장에 찍힌 숫자를 보고 누군가는 흐뭇한 미소를, 또 다른 누군가는 잔뜩 찡그린 표정을 지을 것이다. 하지만 그것도 잠시, 다음날이 되면 다시 똑같은 일상을 반복한다. 당신은 과연 누구를 위해 일하는가?

정신없이 바쁘게 흘러가는 현대사회에서 우리는 무엇을 통해 한때 뜨거웠던 일에 대한 열정을 다시 되살리고 자신의 가치를 실현할 수 있을까? 돈은 생계를 보장해주는 기본 수단이지만 삶의 궁극적인 목적은 될 수 없다. 개인의 가치관과 인생관이 '돈 몇 푼'에 좌우될 만큼 사람은 하찮은 존재가 아니기 때문이다.

십수 년 동안 묵묵히 자신의 자리에서 최선을 다한 늙은 목수가 있었다. 그는 평소에도 자신의 일에 강한 자부심을 느끼며 열심히 일한 덕분에 사장으로부터 큰 신뢰를 받았다. 하지만 시간이 흐르자 목수는 하고 있는 일에 점점 흥미를 잃고 독립을 꿈꾸기 시작했다. 다른 일을 해볼 생각에 일을 그만두고 싶다는 목수를 보며 사장은 아쉬운 마음에 계속 함께 일하자고 설득했지만 이미 마음을 굳힌 그의 마음을 되돌리는 데는 역부족이었다. 별 수 없이 사장은 늙은 목수의 사표를 받아들이고, 일을 그만두기 전에 마지막으로 집 한 채를 지어달라고 부탁했다. 늙은 목수는 흔쾌히 그러겠노라 대답했다.

입으로는 '알겠다'고 대답했지만 사실 목수의 '정신'은 다른 곳에

가 있었다. 그러다 보니 설계 작업이나 자재 선별 등의 작업이 평소와 달리 대충대충 진행됐다. 그저 하루라도 빨리 집을 짓고 떠날 생각에 목수는 여태껏 고수해왔던 자신의 업무 원칙을 무시하면서까지 작업을 서둘렀다. 하지만 이를 본 사장은 아무 말도 하지 않았다.

드디어 집이 완성된 날, 사장은 목수에게 열쇠 하나를 건네주며 조용히 말했다. "이 집은 제가 드리는 이별 선물입니다." 여태껏 엉터리로 지은 집이 자신의 집이라는 이야기에 목수는 크게 당황하고 말았다. 목수는 한평생 다른 사람을 위해 수없이 많은 튼튼한 건물을 지었지만 마지막 순간 자신에게 엉터리 집을 지어준 것이 돼버렸다. 자신의 일이 다른 사람이 아니라 바로 자기 자신을 위해 하는 것이라는 사실을 잊었기 때문이다.

당신이 하는 모든 일은 겉으로 보기에는 회사에만 이익을 안겨주는 것 같지만 그렇지 않다. 당신 역시 일을 통해 많은 이익을 얻을 수 있다. 당신은 일을 통해 회사로부터 경제적 보상을 받을 수 있을 뿐만 아니라 소중한 경험과 연수, 재능 계발 및 인격 수양 등의 보상도 제공받는다. 이러한 보상은 돈과 비교가 안 될 만큼 소중한 가치를 지니고 있다.

하지만 소극적으로 일하거나 월급봉투 때문에 일해야 한다고 생각한다면 지금 하고 있는 일에 자신의 모든 열정과 지혜, 노력을 쏟아부을 수 없다. 잘 짜인 프로그램처럼 그저 주어진 일을 끝내는 데 급급하다 보면 자신의 미래는 물론, 더 나은 삶을 위한 고민의 기회조차 얻을 수 없다.

일이란 자신의 가치를 높이고 재능을 선보일 수 있는 무대다. 무대 위에서 뽐내는 재능이 빼어날수록 당신을 향한 '장미꽃'은 늘어나고 '박수갈채' 역시 한층 뜨거워진다. 그러므로 목구멍이 포도청이라 돈을 벌기 위해 일해야 한다는 생각은 버리기 바란다.

요즘 젊은이들은 일한 만큼 회사로부터 보상을 받는 것을 일종의 '등가교환'이라고 생각한다. 그들에게 일은 등가교환 그 이상, 그 이하도 아니다. 하지만 오랜 시간 바쁘게 일하다 보면 일 외의 존재에 대한 관심과 열정은 점점 사라지고, 한때 가슴에 품었던 뜨거웠던 이상도 점점 식어간다. 삶을 지배하는 것이 아니라 삶에 지배당하게 되면 아무런 노력도 하지 않고 그저 불평만 늘어놓게 된다. 보이는 것이라고는 오로지 '월급봉투'뿐인 이들에게 일은 단순한 생계수단일 뿐 자신의 재능을 키울 수 있는 소중한 기회로 느끼지 못한다. 회사에서 자신을 발전시킬 수 있는 기회도 찾아내지 못한다. 일을 통해 경험과 실력을 쌓을 수 있는 기회를 찾아낼 줄 모르는 이들은 그저 '계산기'만 열심히 두드릴 뿐, 죽는 순간까지 자신이 진정으로 원하는 것이 무엇인지 전혀 알지 못한다.

미국의 전 교육부 장관이자 유명한 교육 전문가인 윌리엄 베넷은

"목숨 걸고 일에 뛰어들어야 한다"라고 강조한 바 있다. 일의 진정한 함의를 깨닫지 못하거나 내가 아닌 다른 사람을 위해 일한다고 생각한다면, 성공과는 무관한 삶을 살게 될 것이다. 누구를 위해 일하는지 모르기 때문에 일에서 즐거움을 찾기는커녕 '산 입에 거미줄 칠 수 없다'라며 불만 가득 한 삶을 살게 된다. 자신이 하고 있는 일이 자신의 목표를 달성하기 위한 것이라는 걸 모르기 때문에 더 나은 자신이 될 수 있다는 꿈조차 꾸지 못한다.

록펠러는 이렇게 말했다. "열심히 일한 최고의 보상은, 무엇을 얻는 것이 아니라 열심히 일한 덕택에 우리가 무엇이 될 수 있다는 사실이다." 열심히 일해서 얻은 결과는 그저 회사의 '배'만 두둑하게 불려주는 듯하지만 실제로는 열심히 일한 자의 몫이다. 능력은 잃어버리지도, 도둑맞는 것도 아니며 돈보다 훨씬 귀한 것이다.

그러므로 일에 자신의 모든 것을 쏟아붓고 성취감을 얻어라. 다른 사람과 구분되는 자신만의 '무기'를 만들어라. 그러면 치열한 직장 내 경쟁을 좀 더 여유롭고 지혜롭게 헤쳐나갈 수 있다. 가슴속에 뜨거운 꿈과 열정을 품고 일하는 기쁨이 무엇인지도 느낄 수 있을 것이다. 이것이야말로 일이 추구하는 궁극적인 목표이자, 승승장구할 수 있는 노하우다.

오늘 열심히 일하지 않으면 내일 열심히 일자리를 찾아야 하는 법이다. 제대로 일해야 한다는 투철한 책임감, 무거운 압박감은 거추장스럽고 부담스러운 존재가 아니라, 오히려 더 나은 자신을 위한 중요한 밑거름이 된다는 것을 기억하라. 일이란 다른 사람이 아닌, 바로 나 자신을 위한 것이다.

Perfect work

제4장

일에 지배당하지 말고 일을 지배하라

두서없이, 원칙 없이 일하면 실수 같은 비경제적인 행위는 나오기 마련이다.

또한 일처리 상황을 자신이 주도하지 못하면 일에 쫓겨 살 수밖에 없다.

퍼펙트워크는 '낭비=결점'이라고 여기기 때문에 유독 '효율'에 엄격한 잣대를 적용한다.

여기에서 말하는 효율은 업무실적 평가 외에도 일상생활,

일처리 과정에서 접하게 되는 모든 일에 대한 효율을 포함한다.

많은 이들이 망설임, 선택, 기다림, 후회처럼 비효율적이고

무의미한 일에 귀중한 시간을 낭비한다.

이러한 일들이 당신의 삶을 채우고 있다면

당신의 소중한 삶은 '낭비'될 것이다.

답은 항상
현장에서 찾아라

기업의 생명력은 현장에 있다.
현장에서 퍼펙트워크를 방해하는 '원흉'을 찾을 수도 있고
개인과 기업의 발전을 위한 '정답'을 찾을 수도 있다.

기업의 경영시스템에서 퍼펙트워크의 최대 장애물은 관리와 일선 현장의 '불협화음'이다. 기업의 규모가 클수록 상부의 지시나 명령에 기대는 의존도가 높아지기 때문에 정책 결정과 현장의 거리는 점점 멀어지게 된다.

　퍼펙트워크의 주 무대는 현장이어야 한다. 분석, 개선, 계획, 실천 모두 업무 현장에서 이뤄져야 한다. 현장을 외면한 일처리는 현실적인 관점에서 문제를 이해·분석하고 해결책을 제시해야 할 관리자의

'눈'을 가려 결국 업무상의 실수와 결함을 유발시키기 때문이다.

창립된 지 얼마 안 된 업체라면 뜨거운 열정과 혈기, 창의성으로 중무장하고 있을지도 모르지만, 규모가 커질수록 형식주의와 관료주의가 팽배해져 기업은 점차 활력을 잃을 수도 있다. 이러한 상황에서 관리자나 업무의 담당자가 제 밥그릇 지키는 데만 정신이 팔리면 기업 전반에 걸쳐 새로운 사물이나 상황에 도전해보겠다는 의지 자체가 사라진다. 소극적인 일처리 문화가 확산되면 제아무리 회사를 경영하는 경영자 혹은 창업자라고 하더라도 자신의 손으로 세운 조직에 속수무책으로 당할 수밖에 없다.

기업에서 생명력은 어디에서 나오는가? 유명한 경영 전문가 왕위쿤이 쓴 다음의 글을 주목해보자.

2009년 무더운 어느 여름날, 여섯 명의 유명 사업가와 함께 나는 티베트에서 여드레 동안 탐사에 나섰다. 하지만 갑작스런 기상 악화로 일행은 당초 이틀 예정이었던 일정을 하루에 소화해야 했다. 네 시간에 가까운 강행군을 끝낸 우리를 기다리고 있던 것은 험준하기 짝이 없는 거대한 산비탈이었다. 70도에 가까운 경사면과 해발 2000미터에 육박하는 산비탈은 우리의 인내력과 체력을 시험하기에 충분했다. 한 발짝 내디딜 때마다 젖 먹던 힘까지 쏟아내야 했다.

우여곡절 끝에 정상에 오른 나는 연봉이 30억 위안(약 5000억 원)도

더 된다는 한 사업가가 저 멀리서 힘겹게 올라오고 있는 것을 보았다. 힘들게 숨을 몰아쉬는 그의 모습에 내려가서 도와줘야 하나라는 생각이 잠깐 들기도 했지만 나 역시 기진맥진한 상태였다. 마침 그 모습을 우리의 셰르파안내인도 지켜보고 있었다. 나는 셰르파에게 다가가 뒤에 처진 사람들을 도와줘야 하는지 물었다. 그러자 셰르파가 말했다.

"아니오, 그럴 필요 없습니다. 자신을 더 강하게 키우기 위해서 모두 힘들게 정상에 오른 것 아닌가요? 사회에서 아무리 유명한 사람이라 해도 여기서는 다 똑같습니다. 여기서 제일 중요한 건 하나뿐인 목숨이죠. 여기까지 제힘으로 올라오지 못한다면 빠져나가지도 못할 겁니다. 이곳을 빠져나가려면 오로지 자신의 힘만 믿어야 해요."

셰르파의 단호한 결정에 나는 적지 않은 충격을 받았다. '그래, 여기는 무인지대 아닌가! 여기에서는 부자든 가난뱅이는 다 똑같나. 모두 제힘만으로 살아남아야 해. 이곳에서는 재산이나 사회적 지위, 권력 모두 부질없는 것이다, 그저 제 힘으로 살아남는 게 중요해!'

그때의 경험으로 나는 기업의 '생사'를 결정 짓는 생명력에 대해 고민하기 시작했다. 사업을 시작한 후 기업의 원초적인 생명력은 업무 현장에서 문제가 발생했을 때 즉각적으로 그것을 해결하는 데 있다. 제아무리 체계적인 시스템을 구축하고 최신 기술로 무장했다고 해도 기업이 필요로 한 답은 오로지 일선 현장에서 찾을 수 있다. 다시 말해서 현장에서 문제를 발견하고, 원인을 분석해 해결책을 제시하는 능력이야말로 기업의 진정한 생명력이라 할 수 있다. 여기에서 말하는 '일선'이란 다양한 '자리'를 가리킨다. 기업 전반을 경영하는 CEO나 최고 관리자의 자리일 수도 있고, 마케팅 매니저나 엔지니어, 혹은 생산 현장 작업자의 자리가 될 수도 있다.

업무 현장에 창의력을 불어넣고, 개인 혹은 집단에 왕성한 활력을 지속적으로 공급하는 문제는 경영자 및 기업 구성원 전체가 직접적으로 직면해야 할 문제다. 나는 왕위쿤 선생이 쓴 이 글을 전 직원이 보고 배우라는 뜻에서 오랫동안 회사 칠판에 붙여놓았다.

현장을 찾지 않거나 업무 현장의 중요성을 외면한다면 기업의 모든 정책은 '뜬구름 잡는 식'으로 변질될 수밖에 없고, 잘못된 정책하에 추진되는 일은 방향을 잃고 엉뚱하게 흐를 수밖에 없다.

컴퓨터 CD 드라이브를 주로 생산하는 한 유명업체는 중국에서 공장 네 곳을 운영하며 빠르게 시장에서 입지를 구축하고 있었다. 그러던 어느 날, CD 드라이브가 제대로 접합되지 않았다는 사실을 발견한 업체는 즉각 120만 개의 CD 드라이브를 전부 회수하라는 지시와 함께 1만 명의 직원에게 생산 현장을 떠나라는 소식을 전했다. 다국적 기업이었던 이 업체의 경영진에서는 조속한 문제 해결을 위해 다급히 일본과 미국 조사팀을 중국으로 불러들였다.

그로부터 한 달이 지나도록 다국적 조사팀은 아무런 원인도 찾아내지 못했다. 다시 두 달이 지난 뒤에도 상황은 매한가지였다. 아무런 진전도 없었지만 회사 측에서는 장기적인 발전 가능성을 고려해 무슨 수를 쓰더라도 반드시 원인을 캐내야 한다며 조사팀을 압박했다. 그다음 달 회사에서는 핵심 인력만 남겨두고 모든 작업자를 철수시켰다. 그 후에는 핵심 인력마저 철수했고 일부 장長급 관리자만 회사에 남아 업무를 처리하고 있었다.

사건이 터진 지 8개월쯤 됐을 무렵, 중국 측 관리자가 우연히 공장을 찾았다가 당직을 서고 있던 직원을 만났다. 언제쯤 현장 작업이 재개될지 모르겠다는 관리자의 말에 직원은 도대체 지금 무슨 문제 때문에 현장이 '올스톱' 됐냐고 물었다. 회사 기밀이라며 대답을 거부하던 관리자도 직원의 집요한 물음에 결국 CD 드라이브의 접합 불량으로 문제를 조사 중인데 원인을 찾지 못한 상태라고 알려줬다. 그러자 상대방 직원은 그럴 줄 알았다는 듯 고개를 끄덕였다. "접착제에 문제가 있을 줄 알았다니까……. 난데없이 사장이 특정 업체의 접착제만 쓰라고 고집을 부리더니 결국 접착제에 기포가 생겼군."

현장 작업자로부터 들은 소식을 해당 관리자는 즉각 상부에 보고했다. 어쩌면 이번 사태를 해결할 수 있는 중요한 실마리일지도 모르기 때문이었다. 그리고 결국 여러 번 실험과 연구 끝에 기포가 난 접착제 때문에 제품 품질에 문제가 생겼다는 것이 확인됐다. 오만하기 짝이 없는 일본과 미국 조사팀은 8개월이라는 시간을 낭비하고도 문제를 제대로 해결하지 못했다. 작은 문제가 심각한 결과를 초래한 전형적인 사례다.

위의 이야기에서 볼 수 있듯 관리자는 직접 현장을 찾아야 한다. 현장에는 생산 직원, 연구진 등 다양한 인력이 있지만 서로 다른 '역할'을 수행하느라 다른 사람의 '이야기'에 귀 기울이지 못하고 저마다 '각개전투'를 벌이고 있기 때문이다. 사실 중국 측 관리자가 현장에서 한 일이라고는 기계 연구 같은 전문지식이 아니라 그저 경영진과 현장의 원활한 소통을 지원하고 신속·정확한 판단을 내리는 것뿐이었다.

우리가 말하는 현장이란 기업 운영과 직접적인 관련을 가진 작업자가 자신의 맡은 바 임무를 수행하는 일선을 가리킨다. 이곳에는 가공되지 않은 모든 정보와 자료가 있고, 이곳에서 자신이 맡은 역할이 무엇인지 분명하게 살펴볼 수 있다. 다시 말해서 현장에서 퍼펙트워크를 방해하는 '원흉'을 찾을 수 있을 뿐만 아니라 개인과 기업의 발전을 위한 '정답'도 찾을 수 있다.

답은 항상 현장에 있다. 정보의 전달과 소비라는 이론에서 봤을 때, 현장에서 발생하는 정보는 상당한 가치를 지니고 있지만 일에 쫓겨 사느라 우리는 이러한 사실을 쉽게 망각한다. 가공된 정보는 다양하고 화려하게 보인다. 그 모습에 홀린 우리는 문제를 바라볼 수 있는 '눈'을 스스로 가리고, 독립적으로 문제를 분석하고 정확한 판단을 내릴 수 있는 능력을 잃는다.

문제를 해결할 수 있는 정답이 현장에 있다는 점을 명심하고, 가능한 자주 현장을 찾도록 의식적으로 행동하라. 앞으로의 성장 가능성과 삶의 가치를 알려주는 큰 가르침 역시 현장에 있다.

일이 힘든 까닭은
계획이 없기 때문이다

업무 효율에서 가장 관심을 가져야 할 문제는
얼마나 심혈을 쏟았는지가 아니라
어떤 계획을 세웠느냐에 있다.

두서없이, 원칙 없이 일하면 실수 같은 비경제적인 행위는 꼭 나오기 마련이다. 또한 일처리 상황을 자신이 주도하지 못하면 일에 쫓겨 살 수밖에 없다.

퍼펙트워크는 '낭비=결점'이라고 여기기 때문에 유독 '효율'에 엄격한 잣대를 적용한다. 여기에서 말하는 효율은 업무실적 평가 외에도 개인생활, 일처리 과정에서 접하게 되는 모든 일에 대한 효율을 포함한다. 많은 이들이 망설임, 선택, 기다림, 후회처럼 비효율적이고 무의미한 일에 귀중한 시간을 낭비한다. 이러한 일들이 당신의 삶을 채우고 있다면 당신의 소중한 삶은 '낭비'될 것이다.

경영자에서부터 말단 직원에 이르기까지 모든 기업 구성원은 업무 효율을 끌어올리기 위해 고민하지만 대부분 엉뚱한 곳에서 답을 구하고 있다. 그러나 업무 효율은 지금 하고 있는 일에 얼마나 많은 심혈을 쏟았는지가 아니라 어떤 계획을 세웠는지에 따라 결정되는 것이다.

미국에서 기업을 운영하고 있는 라플린은 매일 아침 7시 전에 사무실에 도착해 15분 동안 경영 및 철학에 관한 책을 읽은 뒤 그해 안에 여러 부서에서 완료해야 할 중요 프로젝트를 집중적으로 살펴보고, 목표 달성을 위한 정책과 제도를 고민한다. 이어서 한 주 동안 해야 할 일을 살펴보고, 반드시 그 주 내에 끝내야 할 일들을 일일이 칠판 위에 옮겨 적는다.

8시가 되면 카페테리아에서 비서와 커피를 마시며 혼자서 고민했던 일들을 함께 살펴본 뒤, 관련 정책을 결정하고 비서에게 구체적인 처리를 맡긴다. 라플린은 계획적이고 질서정연한 일처리로 자사의 업무 효율을 최대한 끌어올렸고, 그 덕분에 지대한 관심과 호평을 받았다. "자신의 일을 정확하게 계획해야 합니다. 여기에 투자하는 시간은 충분한 가치를 지니고 있습니다. 계획이 없다면 효율적으로 일할 수 없습니다. 업무 효율에서 가장 관심을 가져야 할 문제는 어떤 노력을 기울였는지가 아니라 어떤 업무 계획을 세웠는가 입니다."

합리적인 계획의 중요성을 깨달아야 한다. 분명한 목표와 명확한 계획이 갖춰져야 매끄럽게 일을 진행할 수 있고 충분한 시간적 여유도 가질 수 있다. 그뿐만 아니라 안정된 심리 상태를 유지할 수 있어 궁극적으로 일처리 능률을 향상시킬 수 있다.

감당하기 어려울 정도로 일이 힘들게 느껴지는 까닭은 계획이 없기 때문이다. 계획이 없으면 계획하지 않았던 일들에 발이 묶여 반드시 끝내야 할 일을 제대로 끝내지 못할 수 있다. 하지만 매일 계획적으로 살다 보면 1분, 1초마다 자신이 무엇을 먼저 해야 하는지 명확히 알 수 있다.

대부분의 사람은 '제아무리 철저한 계획을 세웠다고 하더라도 변화를 좇을 수 없다'라고 생각하지만, 또 다른 관점에서 보자면 계획과 변화는 원래 '일맥상통'한다고 볼 수 있다. 계획 없이 어떻게 변화가 가능하겠는가. 변화가 있다는 것은 계획의 중요성을 입증한다. '계획이 변화를 좇을 수 없다'라는 이야기는 계획이 주도면밀하지 못해 나온 이야기일 뿐이다.

어느 누구도 앞으로 일어날 일을 정확하게 예상할 수 없기 때문에 계획은 한 번에 성공할 수 없다. 아직 발생하지 않은 상황 혹은 일을 처음 계획을 세울 때는 우선적으로 해야 하는 일들을 명시하고, 항목별로 진행해야 할 세분화된 목표를 정한 뒤 마지막에 구체적인 프로세스를 확인해야 한다.

해결해야 할 일들을 일목요연하게 순서대로 정리한 뒤 명시된 순서에 따라 일을 처리하라. 1시간 안에 완성해야 하는 일이라면 반드시 1시간 안에 문제를 해결하고 남은 시간에는 마음껏 휴식을 취해도 된다. 1시간에 해결해야 할 일을 하루 종일 붙잡고 있는 것은 어리석은 행동이다. 처리해야 할 일이 너무 많다면 가장 중요한 일을 먼저 처리하고 상대적으로 덜 중요한 일을 뒤로 미뤄야 한다.

계획을 세울 때 한 가지 명심해야 할 점이 있다. 제아무리 철저하게 계획을 세웠다 한들 충분한 '여유 공간'을 확보해야 한나는 짐이다. 왜냐하면 우리는 매일 예상치 못한 상황에 직면하기 때문이다. 특별한 일이 없다는 생각에 넉넉하게 업무 계획을 세웠다가 갑자기 상사로부터 다른 일을 지시받게 되면 어떻게 할 것인가? 추가 임무가 '끼어들면서' 기존의 업무 처리는 연기될 수밖에 없고 만족스러운 결과 역시 얻기 어려울 것이다. 이러한 상태가 반복된다면 사전에 세웠던 계획은 아무런 쓸모도 없게 된다. 시간 계획은 때로 다른 사람에게 방해받을 수 있으니 하루를 몇 부분으로 나눠 쓰는 것도 좋다.

'시간 계획'이라는 말이 다소 딱딱하게 느껴진다면 '업무 효율'이라고 이해해도 무방하다. 시간 계획은 하루 업무 효율을 계획하는 것이다. 이를테면 1시간 안에 보고서를 다 작성한다든지, 언제까지 일을 처리한다든지 구체적인 시간표와 시간 내 완성할 업무를 기록함으로써 1분 1초도 허투루 쓰지 않도록 관리하는 것이다.

그 밖에 가족의 생일, 고객의 기념일 같은 중요한 시간을 정리하고, 중요한 일은 주간, 일간 단위로 나눠 '해야 할 목록To do list'으로 정리한다. 이렇게 하면 중요한 정보를 잊거나 과도한 업무를 못 이겨 쓰러지는 일은 없을 것이다.

아무리 바빠도 일하는 틈틈이 진행 상황을 기록하는 것이 좋다. 하루를 다 보낸 뒤에 일지를 작성하지 마라. 하루 일과를 모두 마치고 일지를 기록할 경우, 중요한 정보를 잊어버리고 빼놓을 수 있기 때문이다. 수시로 기록하는 습관을 기르는 것은 분명히 발전에 큰 도움이 된다.

하루 일과를 마치고 그날 있었던 일을 반성해보자. 성공한 이유와 실패한 원인을 돌이켜보는 것이다. 다음번에 더 좋은 성과를 올릴 수 있는 방법은 무엇인가? 누구의 도움으로 위기에서 벗어날 수 있었는가? 무엇이 일의 흐름을 방해했는가? 전체 진도가 어떠한가? 구체적인 상황은 괜찮은가?

상사로부터 구체적인 목표에 따라 계획을 세우라는 업무를 지시받았다면 의례적으로 쓰는 보고서가 아니라, 자신의 '포트폴리오'를 다시 쓸 수 있는 기회로 삼아야 한다. 다시 말해서 상사의 지시로 작성한 목표를 그저 상사가 내년에 달성해야 할 업무 목표로만 여기지 말고, 그 목표를 설정하는 당신 자신 역시 달성해야 할 목표로 삼아 지금의 자신을 뛰어넘을 수 있는 기회와 동기를 마련하는 것이다.

참고로, 업무 계획이 형식적인 것으로 그치지 않도록 주의 깊게 지켜야 할 사항들을 덧붙이자면 다음과 같다. 첫째, 목표는 형용사처럼 공허하게 끝나면 안 된다. 업무 계획에 포함되는 목표와 내용은 반드시 구체적인 데이터로 명시한다. 둘째, 데이터로 나타난 업무 목표가 있다면 실천 가능한 효과적인 실행방안이 뒷받침돼야 한다. 셋째, 자신만의 발전 계획을 세워 이를 실제 업무에도 반영한다. 넷째, 업무의 계획과 과정과 관련해 관리자에게 메일로 보고하지 말고 직접 얼굴을 맞대고 이야기한다. 관리자의 표정이나 몸짓에서 읽이낼 수 있는 정보들이 의외로 많다.

계획을 세우고 계획대로 일해라. 이는 완벽한 일처리를 위한 필수 조건이다.

설득하려면
데이터로 보여줘라

마오쩌둥은 "조사가 이뤄지지 않았다면 발언권은 없다"라고 했다.
이를 퍼펙트워크에 그대로 적용하면 다음과 같다.
"데이터가 없으면 발언권은 없다."

사람이 기계가 아닌 이상, 일 역시 정교하게 짜인 프로그램이 아닌 이상 예상치 못한 상황은 언제든 연출될 수 있다. 그런 상황에서 어떻게 퍼펙트워크를 실천할 것인가? 일처리 과정에 등장하는 각종 정보가 원활하고 정확하게 소통되려면 어떻게 해야 할까? 그 답은 한마디로 말하자면, "데이터로 말한다"이다.

예전부터 많은 이들이 데이터에 특별한 '애정'을 표하곤 했다. 어떤 상황을 설명하거나 생각을 주장하는 과정에서 구체적인 데이터 없이 애매모호한 표현만 주구장창 늘어놓는다면 다른 이들을 당신의 편으로 끌어들일 수 없다. 반대로 구체적인 데이터를 제시하거나, 파악하고 있는 데이터의 양이 많으면 많을수록 많은 이들로부터 신뢰와 공감을 살 수 있다.

업무 담당자나 담당 부서 나아가 기업의 효율을 평가하는 데 가장 효과적인 근거 자료가 바로 데이터다. 직종을 막론하고 데이터는 기업의 시장 개척, 콘텐츠 관리 등에도 효과적으로 활용될 수 있는데, 특히 업무 부서에 대한 심사나 업무평가 등에서 상당한 설득력을 발휘한다.

기업의 월별, 분기별, 연도별 판매량과 수익 데이터, 지출 현황을 통해 기업은 실제 판매 과정에서 특정 제품의 판매 현황과 지출 내역을 보다 정확하게 파악할 수 있다. 이를 통해 실시간으로 판매 전략을 수정하거나 비용을 조절함으로써 시장 변화에 발맞춘 판매 전략을 세우고 효과적으로 판매 효과를 높일 수 있다.

데이터는 정량화된 업무 실적을 심사하는 기준이 된다는 점에서 업무 당사자에게 적극적으로 역할을 수행하고 기업의 업무 효율을 최대한 끌어올리도록 독려한다. 영업직을 예로 들어보자. 적극적인 영업에 나서려면 해당 담당자는 계속해서 자신의 영업 전략을 수정해야 한다. 이를 어떻게 수정할 것인가? 각종 데이터에 대한 분석을 바탕으로 자신의 영업 전략을 반성하고 보완해야 한다. 이를테면 현재 목표 대상은 어떤 계층에 속하는가? 이들은 어디에서 정보를 얻는가? 고객에게 매력적으로 느껴지지 않는 항목은 무엇인가? 단순히 경험에 비춰 성급하게 결론을 내리면 안 된다. 경험이란 대부분 개인적인 부분에 속하는 것이기 때문에 데이터만이 객관적인 진실을 드러낸다고 볼 수 있다. 정량화된 데이터는 있는 사실을 그대로 담아내고 있을 뿐만 아니라 효율적인 일처리를 위한 든든한 버팀목인 셈이다. 또한 객관적이고 정확한 데이터를 확보함으로써 잘못된 곳은 없는지 자신을 반성하고 문제를 수정해 디테일한 결과를 얻을 수 있다.

데이터의 가치는 사실성에 있다. 허위로 작성된 데이터는 한 푼의 가치도 없다. 객관적 조사를 통해 도출된 데이터라야 신뢰할 만한 가치를 지닌다. '양'으로 승부하거나 미사여구로 장식된 주관적 자료는 무의미할 뿐이며, 생색내기용에 불과하다는 문제점만 집중적으로 노출할 뿐이다.

문제를 처리하는 과정에서 퍼펙트워크가 가장 중시하는 항목은 첫째가 사실, 그다음이 데이터다. 데이터가 뒷받침되지 않는다면 이미 발생한 사실을 정확하고 객관적으로 보여줄 수 없다. 반대로 데이터를 확보했다면 문제에 대한 상세한 정보를 전달하는 것은 물론 구체적인 해결책까지 일목요연하게 보여줄 수 있다.

일상적인 일처리 과정에서 특별히 주의를 기울여야 할 정보들이 있다. 첫째, 일정 및 장소에 관한 정보다. 모든 일은 '시간'과 '공간'이라는 두 가지 기본적인 요소를 지니고 있다. 쉽게 말해서 '언제, 어디서 일어난 일인가?'라는 정보는 효과적인 일처리를 위한 가장 기본적인 데이터다. 자신과 몸담고 있는 회사와 관련된 시간, 공간 정보를 꼼꼼히 기록한다면 시간과 공간이라는 두 가지 틀로 짜여진 '워킹 로드맵'을 얻을 수 있다.

둘째, 작업 수량에 관한 데이터 역시 수시로 체크해야 한다. 수량은 가장 직관적으로 업무 결과를 보여준다.

셋째, 업무의 품질에 관한 정보다. 업무에 대한 질적 평가는 대부분 '합격'과 '불합격' 혹은 '매우 좋음', '좋음', '보통', '불만족' 등으로 나뉘는데, 이를 평가할 정량화된 기준이 반드시 있어야 한다. 구체적인 수치나 데이터로 평가하지 않고 자의적 판단을 통해 평가할 경우, 객관성을 확보하는 데 실패해 쓸모없는 쓰레기로 전락한다.

넷째, 일과 관련된 인력, 물자 등 자원의 투입 상황 역시 중요한 데이터가 된다. 이는 경영자의 관심사일 뿐만 아니라 평범한 작업자가 가장 효과적으로 업무 상태를 확인하고 또 자신의 자원 확보 능력을 검토해볼 수 있는 자료가 된다.

다섯째, 지원 부서 및 루트에 관한 데이터도 염두에 두어야 한다. 일을 완성하려면 어떤 부서나 개인의 지원이 필요한가? 협력이 필요한 외부 기관으로는 무엇이 있으며, 어떤 형태의 협력이 이뤄져야 하는가? 일처리 과정에서 각각의 요소는 어떤 역할을 담당하는가? 이러한 정보는 보다 완벽한 업무 프로세스와 업무 시스템을 구축하는 데 도움이 된다. 지원을 받을 수 있는 루트가 변하면 즉각적으로 전체 상황을 파악해 일을 적절하게 조정할 수 있다.

퍼펙트워크는 프로세스를 통해 진행되고, 프로세스는 데이터에 기반을 두고 있어야 한다는 점을 거듭 기억하기 바란다. 마오쩌둥毛澤東은 "조사가 이뤄지지 않았다면 발언권은 없다"라고 이야기했다. 이 이야기를 퍼펙트워크에 적용해본다면 "데이터가 없으면 발언권은 없다"라고 풀이할 수 있다. 무언가를 조사하는 목적은 진실하고 객관적인 데이터를 찾는 데 있다. 자신의 의견과 생각을 전하고자 한다면 먼저 데이터를 보여줘라. 데이터가 없다면 프로세스와 업무 성과에 대해 이야기할 '자격'도 얻지 못할 테니 말이다.

맞지 않는 상황과는
결코 타협하지 마라

결과도, 과정도 완벽을 지향해야 한다.
승진이나 연봉 인상을 요구하려면
'기회'와 '책임'을 부여받고 '실적'으로 능력을 증명하라.

기업 경영에서 '과정'은 절대적 의미의 정량화 혹은 완벽한 심사 진행이 상당히 어렵기 때문에 '결과'만이 가장 명료한 평가 기준이 된다. 실제로 우리가 하는 일 역시 모두 결과로 평가받는다. 하지만 결과를 얻기까지 보내게 되는 과정을 무시할 수는 없다. 제대로 된 과정 없이 제대로 된 결과를 얻을 수 없는 것은 물론 장기적인 성과도 얻을 수 없기 때문이다.

퍼펙트워크는 결과를 궁극적인 목적으로 삼고 과정을 하나하나 넘어가야 실현될 수 있다. 리더라면 과감하게 손에서 '권력'을 내려놓고 아랫사람에게 '제대로 일한 만큼 평가받을 수 있는 기회'를 제공해줘야 한다. 일반 직원이라면 완벽한 일처리 과정을 통해 리더나 경영자가 그 과정만 보고도 안심할 수 있도록 해야 한다.

"50만 위안!" "100만 위안!"

이는 2002년 초 바이두百度(중국 최대의 검색포털 사이트) 사내에서 열린 마케팅 회의에서 나온 소리다. 당시 바이두를 지휘하던 CEO이자 창업자인 한 리옌홍李彦宏은 그해 영업 매출액에 대해 이야기하자며 관계자를 한데 불러놓고 회의를 진행했다. 각 팀에서 제시하는 목표치에 대해 리옌홍은 아무런 반응도 보이지 않았다. 그런 리옌홍의 모습에 누군가 장난삼아 입을 열었다. "남자가 체면이 있지 100만 위안이 뭐요? 이왕이면 폼이라도 나게 200만 위안으로 합시다!"

그 이야기에 자리에 앉은 사람들이 '와하하' 하며 웃음을 터뜨렸다. 그도 그럴 것이 2001년 9월 키워드 입찰 경매 서비스[11]를 출시했을 때부터 3개월이 지난 12월까지 당시 바이두가 검색 홍보를 통해 거둔 수입은 겨우 12만 위안에 그쳤기 때문이었다. 모두들 '12만 위안도 간신히 벌었는데 갑자기 200만 위안을 벌겠다고? 차라리 하늘에 있는 별을 따는 것이 더 쉽겠다!'라고 생각했다.

모두가 어이없다는 듯 웃음을 터뜨리고 있을 때 리옌홍 혼자 굳게 입을 다물고 있었다. 그때 바이두에 입사한 지 두 달 된 마케팅팀장 스요우차이史有才가 진지한 표정으로 리옌훙에게 질문을 던졌다. "사장님, 생각해두고 계신 올해 영업 목표액이 얼마인가요?"

그러자 리옌훙이 외쳤다. "600만 위안!"

리옌훙의 대답에 스요우차이를 비롯한 참석자들은 놀라움을 금치 못했다. 동그랗게 눈을 뜬 이들과 달리 리옌훙은 아무렇지도 않다는 듯 평온한 모습이었다. 이어서 리옌훙은 자신의 목표액이 그냥 되는 대로 나온 이야기가 아니라 객관적인 자료에 근거한 결론이라는 점을 입증하기 위해 구체적인 분석 자료를 들려줬다.

"상품 및 기술 개발팀은 2002년 유저 유입량이 빠르게 늘어날 것이라는 예상하에 열심히 '칼'을 갈고 있으니 마케팅팀 역시 괄목할 만한 성과를 올릴 기회를 잡게 될 것입니다. 상품 및 기술 개발팀이 목표 달성에 성공한다면 마케팅 쪽에서도 능력을 증명해야 하지 않겠습니까?"

모두 자신 없는 눈치였지만 똑 부러지는 리옌훙의 분석을 듣고 있자니 멀게만 보이는 목표일지언정 한번 해볼 만하다고 생각했다. 스요우차이 역시 리옌훙의 단호한 눈빛에서 자신감을 발견하고는 즉각적으로 대대적인 팀 조직 및 새로운 영업 정책 수립, 프로세스 개편 및 개선 작업에 박차를 가했다.

시간이 흘러 2002년 12월 한 해 정산에 나선 바이두 경영진은 매출액이 약 580만 위안이라며 만족스러운 결과를 얻었다. 2002년 당시 막 걸음마 단계에 접어든 중국의 검색 엔진 부문에서 '블루오션'을 발견한 바이두는 '기선 제압'에 성공했다. 그로부터 바이두의 영업을 총괄한 스요우차이는 계속해서 2배 이상 되는 실적을 올리며 초고속 승진의 주인공이 됐다. 2007년 6월 수석 책임자로 승진한 스요우차이는 2008년 말 바이두의 부사장 자리에 올랐다.

이 일을 계기로 사람들은 한 가지 사실을 발견했다. 즉 리옌훙에게 승진이나 연봉 인상을 요구하려면 '멋들어진 감투'나 '고액 연봉'이라는 단어를 꺼내기 전에 '기회'와 '책임'을 부여받고 '실적'으로 자신의 능력을 증명해야 한다는 것이다. 실제로 바이두에서 실적으로 자신의 능력을 증명한 사람들은 그에 상응하는 보상을 받으며 바이두의 '기둥'으로 우뚝 섰다.

중국의 우주항공 사업의 사례도 한번 살펴보자. '완벽'을 유일한 목표로 삼은 중국의 우주항공 사업은 세계 일류 기술로 평가받고 있을 뿐만 아니라, 2010년 국경절國慶節 즈음에 달 탐사 위성 '창어 2호'를 발사하는 데도 성공했다. 이 프로젝트의 성공을 위해 많은 이들이 땀방울을 흘렸는데 그중에서도 '창어 2호'의 테스트를 담당하고 있는 황하오黃昊는 결과로 자신의 능력을 입증한 대표적인 인물이라 할 수 있다.

중국 우주항공 과학기술 그룹 산하 우주과학 및 우주탐험 본부 연구실에서 총괄시스템팀을 이끌고 있는 부팀장 황하오는 '창어 1호'의 시스템을 담당한 부설계사이자 '창어 2호' 위성의 시스템을 담당한 수석 설계사다.

무슨 일이든 '품질'을 최우선으로 여긴 황하오는 '창어 1호' 위성의 연구개발 과정에서 체계적인 테스트 및 안정화 작업에 사력을 다했다. 몇 주 내내 밤늦게까지 일해야 했지만 쉬지 않고 비행 임무에 성공한 테스트 결과를 분석하고 최적화를 실시해 전체 업무 프로세스에 만전을 기했다. '창어 1호' 위성의 고장 예방 및 대응책 작성 작업도 꼼꼼히 했다. 알다시피 발생 여부가 불확실한 문제를 사전에 선별하고 대응책을 마련하기란 결코 쉽지 않다. 하지만 황하오는 위성의 움직임 하나하나에 대한 체계적인 분석과 꼼꼼한 평가 작업을 벌인 끝에 무려 84개의 대응책을 마련했다.

성공 아니면 실패 두 가지 결과밖에 없는 우주항공 분야에서는 어떠한 실수나 결함도 용납되지 않는다. "품질은 생명이다. 한 치의 모호함도 있어서는 안 된다! 신중에 신중을 기하고, 조금 더 디테일해져라!" 이렇게 외치는 황하오를 두고 동료들은 그가 '확인' 강박증에 걸렸다고 농담 삼아 이야기하기도 했다. 실제로 황하오는 실험 전후에 진행되는 모든 기술적 사항을 몇 번이고 반복해서 '확인'하고 점검했다. 그런 그의 노력에 힘입어 창어 1호 프로젝트는 '무결점'에 성공했고, 이후 황하오에게는 창어 2호 달 탐사 위성 발사라는 대형 프로젝트가 또다시 맡겨졌다. 황하오가 보낸 1000일이라는 시간은 보통 사람은 상상도 하기 어려운 고통의 연속이었다. 온몸이 녹아내릴 듯 찜통 같은 무더운 여름날이나 뼈를 에일 듯한 엄동설한에도 황하오와 그의 '전우'들은 쉬지 않고 연구개발 현장에 달려 나왔다. 기술 향상을 위해 황하오는 자료실과 설계 사무실을 쉴 새 없이 뛰어다녔고, 시스템의 안전성을 확보하기 위해 밤낮으로 작업장을 돌아다니거나 개발현장을 제 집처럼 드나들었다.

복잡하기 짝이 없는 과정에 비해 결과는 수량과 품질이라는 단 두 가지 기준으로 평가된다. 사실 대부분의 사람은 매일 마무리해야 하는 업무량, 분기별 매출액 등으로 대변되는 수량의 의미를 잘 알고 있다. 하지만 상대적으로 품질의 정의를 제대로 알고 있는 사람은 많지 않다.

기업에게 품질을 보장한다는 것은 그저 '좋다Good'라는 뻔한 의미가 아니라 고객의 '니즈'를 '만족시키는 것'이다. '좋다'는 뜻에는 얼마나, 무엇이, 어떻게 등과 같은 정확한 기준이 없지만 '니즈를 만족시켰다'는 이야기는 '질적으로 아무런 결함이 없다'는 의미를 정확히 담아내고 있다. 우리가 길러야 하는 습관은 바로 품질 추구를 통해 고객의 니즈를 만족시킬 수 있는 상품을 만드는 것이다.

일처리 과정에서 발생 가능한 결함에 대비하려면 단계별 대응책이 필요하다. 구체적으로 이야기하자면 소통, 기획, 테스트 과정 등에서 니즈를 만족시키지 못하는 가능성을 점진적으로 제거하는 것이다. 이를 위해서는 문제 조사나 보완책 마련에 과감하게 자원을 투입하고 만전을 기해야 원하는 결과를 달성할 수 있다는 점을 명심해야 한다. 항상 다음의 원칙을 되새기고 또 되새겨라. 첫째, 처음부터 제대로 일한다. 둘째, 이중 잣대를 적용하지 않는다. 셋째, 결코 잘못을 용납하지 않는다. 넷째, 예방을 강조한다. 다섯 째, 반드시 모든 니즈를 만족시킨다.

퍼펙트워크라는 '사전'에 '대충'이라는 단어는 없다. 머릿속에 '대충'이라는 단어가 자리 잡지 못하도록 하기 위해서는 니즈에 맞지 않는 상황에 결코 타협해서는 안 된다. 퍼펙트워크의 중요한 의의가 바로 여기에 있다.

용두사미가 안 되려면
'피드백'을 시스템화하라

피드백을 수집하고 민감하게 반응하는 것이
개인의 발전에도 상당한 도움이 된다.
'폐쇄형 루프 피드백 시스템'을 배우고 활용해라.

'어떻게 하지?' 일하는 도중에 우리는 종종 자신에게 질문을 던진다. 처음에는 의기양양하게 착수했지만 시간이 지날수록 일이 마음대로 진행되지 않으면 '이 일을 어쩌지?' 하며 고민한다. 일이 흐지부지 진행되고 있다면 상사도, 부하직원도 도대체 어떻게 된 일이냐며 묻는다. 어떻게 해야 이 위기에서 벗어날 수 있을까?

회사에서 행정 보조로 근무하고 있는 샤오리는 팀장으로부터 USB

를 건네받았다. USB 안에 사장의 담화 내용이 담겨 있으니 이를 원고로 정리한 뒤 자신에게 제출하라는 팀장의 지시에 샤오리는 '알았다'라며 시원스레 대답했다. 하지만 그로부터 이틀이 지나도록 샤오리에게서 아무런 소식이 없었다. 답답한 마음에 팀장은 결국 제 발로 샤오리를 찾아갔다.

자신을 찾아온 팀장을 보자마자 샤오리는 울상이 된 얼굴로 재빨리 입을 열었다. "팀장님, USB에 들어 있는 녹음본의 음질 상태가 엉망이에요. 여러 사람에게 들려줬지만 모두 무슨 말인지 모르겠다고 하네요. 속기 전문회사에도 문의했지만 의뢰를 거부당했어요."

샤오리의 말에 팀장은 화를 벌컥 냈다. "그렇다면 일찌감치 말했어야지! 사장님이 여태 기다리고 계시는데 말이야. 게다가 오늘 오후에 중요한 언론사에 원고를 전달해주기로 했는데 지금 와서야 그렇게 얘기하면 어쩌란 거야!"

샤오리의 잘못은 문제를 해결할 수 있는 방법을 찾는 데 실패했다는 것이 아니라 '피드백'에 대한 이해가 부족했다는 데 있다. 위의 이야기를 좀 더 자세히 살펴보자. 이야기가 시작되는 최초의 '출발점'은 팀장이 샤오리에게 일을 맡기는 데서부터 시작되며, 일의 마무리를 평가하는 작업은 최초로 일이 시작된 출발점에서 이뤄진다. 쉽게 말해서 녹음 상태가 엉망이라 제대로 원고를 정리할 수 없었다면 샤오리는 즉각적으로 팀장에게 이를 보고했어야 한다. 물론 문제가 일어난 데는 팀장의 책임도 있다. 팀장으로서 일을 마무리할 구체적인 기한이나 업무 기준을 분명하게 명시하지 않았기 때문이다. 다시 말해서 "언제까지, 어떤 내용이 담긴 원고를 정리해서 제출해야 한다"고 명확하게 이야기하지 않았다.

이러한 사례는 실제 업무 과정에서 셀 수 없이 목격된다. 주어진 일의 완성 여부를 떠나 우리는 평소 상사에게 자발적으로 상황을 보고하지 않다가 맡겨뒀던 일이 생각 난 상사가 찾아와야 비로소 입을 연다.

'폐쇄형 루프 피드백Closed-loop Feedback'의 원리를 우리가 하고 있는 일에 도입하면 위와 같은 많은 문제를 해결할 수 있다. '폐쇄형 루프 피드백 시스템'은 전혀 새로운 개념이 아니라 우리가 일상적으로 하고 있는 일에 광범위하게 존재한다.

먼저 '폐쇄형 루프 피드백 시스템'이 무엇인지 짚고 넘어가보자. 기업의 업무 프로세스는 단단하게 이어진 '연결 고리'를 떠올리게 한다. 각각의 '고리'에서 작업을 수행하고 여기서 발생하는 결과물은 해당 고리와 이어진 하위 고리에 피드백을 전달한다. 연결 고리가 얼마나 단단하게 맞물려 있는가, 각 고리 간 피드백이 얼마나 원활하게 이뤄지는가 등에 대한 관심은 경영의 핵심이라 할 수 있다.

이러한 시스템은 관리자가 관심을 가져야 할 문제일 뿐만 아니라 모든 업무의 담당자가 반드시 이해해야 할 업무 방식이다. 이해를 돕기 위해 다음의 사례를 들어 더 설명해보겠다.

한 전자업체가 운영하는 매장에서 일하던 직원이 어느 날 고객으로부터 자사 제품에 대한 불만 사항을 접수받았다. 판매 직원은 문제 제품, 구체적인 불만 사항 등의 정보를 정리해 해당 생산부서에 전달했다. 이를 접수한 생산부서에서는 문제를 일일이 파악하고 수정한 뒤 판매 직원에게 '피드백'을 전했다. 문제 수정은 물론 수정된 항목에 대한 정확한 설명 자료를 전달받은 판매 직원은 불만사항을 토로한 소비자에게 개선 사항을 전달했다.

위의 이야기에서 우리는 한 가지 사실을 발견할 수 있다. 즉, 특정 내용에서 비롯된 일이 결과적으로 다시 원래의 '출발점'으로 놀아왔으며, 원점으로의 복귀 여부가 일의 마무리를 판단하는 기준이 된다는 것이다. 이것이 바로 '폐쇄형 루프 피드백 시스템'의 원리다.

기업의 운영은 크고 작은 '루프'의 조합으로, 각 '루프'가 서로 단단히 맞물려야만 업무 프로세스가 물 흐르듯 자연스럽게 진행되고 소통될 수 있다. 이를테면 연초 기획에서부터 연말 결산에 이르는 과정은 하나의 거대한 '루프'다. 기간별로 하나씩 살펴보자면 프로젝트 책임자가 관련 프로젝트 팀을 구축하는 것을 시작으로 해당 프로젝트가 얻은 결과물을 보고하는 일련의 과정이 하나의 '루프'가 된다.

퍼펙트워크는 우리에게 '폐쇄형 루프 피드백'을 습관처럼 몸에 익히라고 주문한다. 다시 말해서 일할 때 적극적으로 '루프 피드백'을 완벽하게 장악하라는 뜻이다. 협력 부서에서 즉각적으로 작업 상황을 알려주지 않는다면 자신이 먼저 일의 진척을 파악하러 찾아가야 한다. 언제까지 일을 마치고 결과를 보고하라는 상사의 지시가 없더라도 업무가 완료될 때마다 중간중간 관련 상황을 상사에게 보고하고 전체 프로젝트를 완성한 뒤에 최종 결과물을 상사에게 즉시 보고해야 한다.

'폐쇄형 루프 피드백 시스템'은 과학적인 경영 기법이자 업무 개념이지만, 실제 일처리 과정에서 대부분의 경우 '개방형'으로 변질된다. 통제에서 벗어난 업무는 당초의 계획이나 목표와 어긋나는 결과를 도출한다는 사실을 명심해라. 언제 어디서든 제대로 된 일처리를 보장하고 보다 효율적인 일처리를 원한다면 지금 하고 있는 일을 완벽하게 통제된 '루프 피드백' 내에서 진행하라.

분업이나 협력을 통해 완성되는 현대 산업의 특성상 우리가 하고 있는 일에는 수많은 '루프 피드백'이 생겨난다. 기업 경영은 바로 이처럼 다양한 '루프'로 구성된다. 고위 경영진에서부터 말단 작업자에 이르기까지 서로가 서로를 감독하고 영향을 주기 때문에 각 루프의 작업 기준은 때로는 연계돼 있거나 때로는 분리되기도 한다. 또한 발전 과정에서 새로운 문제가 등장함에 따라 작업 기준 역시 변화한다. 작업 실천 중에 안전 조례에도 없는 새로운 상황이 발생할 수도 있는데 말단으로 내려갈수록, 업무가 세분화될수록 이러한 경향은 두드러진다.

자신의 작업 기준에 따라 일한다는 점을 감안할 때, 개인 역시 '폐쇄형 루프 피드백 시스템'을 운용하고 있다고 볼 수 있다. 자신의 업무 계획이나 발전 계획을 수립하는 일 모두 '폐쇄형 루프 피드백'을 통해 이뤄져야만 용두사미가 되는 상황을 피할 수 있다.

학창 시절의 '폐쇄형 루프 피드백'은 일반적으로 시험 등을 통해 강제적으로 완성됐다. 우리는 사회에 발을 들여놓은 후 상대적으로 자유로운 개체가 되었지만 많은 이들이 방향을 잃고 '자신이 무엇을 필요로 한다'는 정보만 내보낼 뿐, 도출된 결과를 '피드백'할 줄 몰라 허둥거리기 일쑤다. '피드백'을 수집하고 민감하게 반응하는 습관을 기르는 것이 개인의 발전에도 상당한 도움이 된다는 것을 잊지 말기 바란다.

데밍 박사의 'PDCA 관리법'

'폐쇄형 루프 피드백 시스템'에 대해 미국의 통계학자 에드워드 데밍Edwards Deming[12]이 제시한 이론이 바로 'PDCA 관리법'이다. 이는 계획Plan, 실행Do, 검토Check, 조치Action라는 네 단계의 사이클로 이뤄지는 업무 관리 방식을 말한다. PDCA 사이클은 품질경영을 실천하는 기본적인 '도식'으로, 대규모의 데이터와 자료 수집, 각종 경영 이론 및 기법의 종합적 운용을 필요로 한다. PDCA 관리법은 무질서한 상황을 일목요연하게 정리하고 '소극적 경영'에서 '적극적 경영'을 지향한다. 또한 기업 내부에만 쏠리던 시선을 시장 외부로 돌리게 하고 고객의 만족도 향상에 집중하도록 응원한다. 이를 제대로 활용한다면 본질적으로 업무 능력을 높일 수 있을 뿐만 아니라 잠재적 재능도 계발할 수 있다.

PDCA 관리법은 다음과 같은 특징을 갖고 있다.

1. 주기적, 반복적 진행: PDCA 사이클을 구성하는 네 단계의 과정은 한 번의 작동만으로 끝나는 게 아니라 주기적, 반복적으로 진행된다. 하나의 순환과정이 종료되면 일부 문제는 해결될 수도 있지만 해결되지 못한 문제가 여전히 존재하거나 전혀 새로운 문제가 출현할 수 있다. 이 경우 PDCA 사이클을 재가동해 문제를 해결할 수 있다.

2. 유기적 구조: 기업이나 조직에서 운용하는 전체 시스템과 그 내부의 하위 시스템은 유기적 논리 구조를 띠고 있다. PDCA 관리법을 구성하는 각 단계는 서로 긴밀히 맞물려 있기 때문에 어떤 단계에서 '흐름'이 끊어질 경우 즉각적인 상황 파악이 가능하다.

3. 계단식 상승: PDCA 사이클은 특정 단계의 순환에 머물지 않고 지속적으로 문제를 해결하는 과정이기 때문에 결과가 점진적으로 향상된다.

PDCA 관리법을 세분화하면 다음의 여덟 단계로 나눌 수 있다.

1. 현상 분석, 문제 발견

2. 품질에 영향을 주는 요소 파악

3. 품질에 영향을 주는 주요 원인 분석

4. 주요 문제에 대한 해결책 실시

5. 실시 계획에 따른 실천 및 집행

6. 집행 결과와 목표에 대한 심사

7. 성공적인 경험에 대한 반성, 관련 법칙 수립

8. 미해결 혹은 신규 문제를 신규 PDCA 사이클에 재도입

상하이 친장 호텔은 'PDCA 관리법'을 통해 '손님이 즉시 연락을 받지 않는 문제'를 깨끗이 해결했다. 그 과정은 다음과 같다.

1단계: 목표 및 계획 설정(Plan)

  – 이번 활동을 통해 영업팀은 객실 예약, 문의, 체크인, 결제, 메시지 전달에 이르는 일련의 서비스 개선 활동에 필요한 제도, 방법 및 수단을 구상하고 '최상의 서비스'라는 궁극적인 목표 달성에 필요한 활동을 유기적으로 조직한다.

  – '사후 처리'라는 낙후된 방식을 '사전 예방'이라는 과학적인 방식으로 수정한다.

2단계: 현황 파악

  담당 데스크 직원이 객실에 전화를 걸었을 때 손님이 객실에 없을 경우, 전화 교환원 – 담당 데스크 – 콜 센터 – 메시지 – 손님 – 수령이라는 수순을 거쳐 전달된다. 이 과정 중 어느 한 곳에서라도 '결함'이 생기면 손님은 제때 메시지를 받지 못하게 된다. 제때 연락을 받지 못한 손님이 항의한다면 호텔 측으로서는 직접 객실에 찾아가 사과하는 수밖에 없다.

3단계: 원인 분석

손님이 연락을 받지 못하는 상황은 다양하다. 이를테면 호텔 측에서 연락을 취했을 때 객실에 손님이 없다든지, 잘못된 객실로 연락을 취했다든지, 호텔 측에서 깜빡하고 손님에게 연락을 취하지 않을 수도 있다. 혹은 손님이 전화기에 깜빡거리는 빨간 불을 보지 못했다거나 객실 내 설치된 메시지 알림 표시가 고장 났을 수도 있다. 메시지가 손님에게 제때 전달되지 못하는 주요 원인은 전달 과정에 다양한 문제가 존재하기 때문이다. 특히 '메시지 남기기' 단계에서 문제가 일어날 가능성이 가장 크다. 게다가 특정 단계에서 문제가 발생할 경우 담당부서 혹은 담당자를 명확하게 파악하기 어렵기 때문에 서로 헐뜯는 낯 뜨거운 상황이 일어날 수도 있다.

4단계: 대책 및 조치(Do)

- 사상 교육을 강화하고 일에 대한 책임감을 강조한다.

- 손님에게 전달 메시지가 있다는 내용을 전화로 알려주는 대신, 서면으로 전달하는 방식을 도입한다.

- 누구의 책임 소관인지 분명하게 밝히고 합리적인 분업을 실시해 각자 맡은 일에 책임을 다하도록 한다.

- 손님에게 전달할 메시지를 받으면 즉각 이를 전달하고 구체적인 시간, 장소, 접수자 등을 기재한다.

5단계: 효과 심사(Check)

- 유사한 문제가 빈번하게 발생했지만 이제는 해당 문제가 깨끗하게 해결됐다.

- 경제적 효과와 업무 처리 효율이 향상됐다.

- 신속한 전달 시스템에 대해 손님들로부터 호평을 받았다.

- 호텔의 인지도를 높이고 경쟁사를 이길 수 있는 유리한 강점을 만들었다.

- 사후 관리에서 사전 예방으로 전환했고, '결과 중심'에서 '원인 중심'으로 바꾸는 효

과를 거뒀다.

6단계: 조치 강화(Act)

이러한 결과를 강화하기 위해 다음의 조치를 취한다. 팀장이 직접 전체적인 일처리 과정을 파악함으로써 조속한 전달, 메시지 수령 및 전달 등의 상황을 조사하고 새로운 조치의 실천을 약속한다.

마지막으로, PDCA 관리법을 제대로 배우고 싶다면 아래 내용을 재점검하라.

1. 목표 수립은 반드시 명확하고 정량화돼야 한다. 다시 말해서 심사 및 검사가 가능하고 객관적인 정량화가 가능해야 한다. 기업의 인센티브 제도와 실적을 하나로 연계시키는 작업이 중요하다.

2. 명확한 시간표가 있어야 한다. 토론을 통해 결정된 일이라면 언제 시작하고, 언제까지 끝내야 하는지 정확히 알고 있어야 한다. 우리는 대부분 언제부터 일을 시작해야 하는지만 알 뿐, 언제까지 일을 끝내야 하는지 모른다. 종료 시간이 없다면 영원히 끝나지 않는 미해결과제로 남을 뿐이다.

3. 지시는 간단명료해야 한다. 다른 누군가로부터 임무를 받았든 혹은 다른 누군가에게 임무를 주었든 임무 내용을 자신의 '말'로 소리 내어 읽어보거나 서명 등의 방식으로 확인해야 한다.

4. 조사와 심사가 수반돼야 한다. 일처리 과정에 대한 꼼꼼한 조사와 심사가 이뤄진다면 일어날 수 있는 사태를 예측하고 객관적으로 바라볼 수 있다.

그날 마무리하고
그날 발전하라

오늘 일은 반드시 오늘 안에 마쳐야
어제보다 더 나은 결과를 얻을 것이고,
내일 역시 오늘보다 더 나은 결과를 얻게 된다.

"오늘 일은 오늘 끝내라"라는 격언은 오래전부터 전해 내려온 인류의 지혜이다. 이는 오늘날 개인 및 집단뿐만 아니라 기업에도 광범위하게 적용되고 있는데, 여기에 새로운 의미를 더 부여해야 한다. "그날 일은 그날 끝내라. 그날 마무리하고 그날 발전한다." 그날 일은 그날 끝내고 제대로 마무리해야 일처리 능력 역시 향상된다는 뜻이다.

하이얼이 개발하고 구축한 독자적인 경영 관리 방식인 '일일처리 시스템OEC: Overall, Everyone and Everything and Everyday, Control and Clear'은 '그

날 마무리하고 그날 발전한다'라는 것을 시스템화한 것으로, 당일 처리 및 지속적인 성장을 강조한다. 하이얼은 OEC 시스템을 통해 16년이라는 짧은 시간 안에 연매출 350만 위안(약 6억 5000만 원)에 불과하던 소규모 업체에서 연매출 400억 위안(약 7조 원)을 기록하는 대형 가전업체로 성장할 수 있었다. 아래 이야기에서 하이얼 그룹의 OEC 시스템을 소개해보겠다.

장루이민은 창업 당시 겪었던 고생을 평생 잊을 수 없다고 회고했다. 하이얼 그룹을 처음으로 맡게 됐을 때 당시 하이얼은 종업원 수 600명에 불과한 영세 기업으로, 6개월 동안 직원들에게 월급을 주기 위해 사방으로 돈을 빌리러 다녀야 할 만큼 자금 사정이 좋지 않았다. 쓰러져가는 영세업체의 운명을 바꾸려면 어디서부터 먼저 손을 대야 할까? 효과적인 경영의 중요성을 누구보다 잘 알고 있있던 징루이민은 "그날 일은 그날 끝내라. 그날 마무리하고 그날 발전한다"라는 경영이념을 제시했다.

장루이민은 기업에서 '예상치 못한 관리'를 '일상적인 관리'로 바꾸는 것이야말로 효과적인 관리라고 설명했다. 이를 위해 하이얼은 OEC라는 업무 목표를 작업자에게 매일 달성토록 유도함으로써 모든 직원이 꼼꼼하게 일을 '관리'하는 분위기를 조성했다. 구체적으로 이야기해서 유리창 교체에서부터 대형 설비 생산에 이르기까지 하이얼 사내에서 일어나는 모든 일에 책임자를 지정했다. 실제로 하이얼 생산 공장에서 다뤄지는 모든 제품에는 책임자의 이름, 사진을 비롯한 기본 정보가 실려 있다. 퇴근 전까지 목표에 따라 설정된 작업을 '마무리'하고, 그 결과를 작업자의 인센티브에 반영토록 함으로써 하이얼은 '목표 시스템당일 업무 진행 ― 마무리당일 업무 내용 보고 ― 인센티브인사고과 반영'라는 최적화된 관리 시스템을 구축하는 데 성공했다.

OEC를 통해 장루이민은 회사의 전반적인 경영 실적을 끌어올림으로써 당시 기업계에 팽배한 '비효율', '무질서' 등의 문제를 해결하는 데도 성공했다. 이러한 노력을 거쳐 1988년 영세업체로 시장에 처음 발을 들여놓았던 하이얼 그룹은 중국 냉장고 업계사상 최초로 '금메달'을 획득하는 데 성공했다.

"그날 일은 그날 끝내라. 그날 마무리하고 그날 발전한다"라는 구호는 여전히 하이얼의 경영이념으로 활약 중이다. 또 "하이얼은 만만치 않다"라는 슬로건도 있는데, 이에 대해 장루이민은 이렇게 설명했다. "만만치 않다는 뜻은 대수롭지 않은 하찮은 일을 수천 번, 수백 번 해도 항상 제대로 해낸다는 것으로, 이는 결코 만만한 일이 아닙니다. '하루를 마무리한다'는 개념은 대단한 전문 지식을 필요로 하지 않습니다. 중학생도 다 아는 것이지만 만만치 않다고 하는 이유는 이를 매일, 매달, 매년 꾸준하게 해내야 하기 때문입니다. 오늘 일은 반드시 오늘 안에 마쳐야 어제보다 더 나은 결과를 얻을 것이고, 내일 역시 오늘보다 더 나은 결과를 얻게 될 것입니다."

스위스의 교육자이자 사회비평가 페스탈로치Johann Pestalozzi는 이렇게 말했다. "오늘 해야 할 일을 오늘 안에 끝내지 못하면 내일 제아무리 일찍 시작한다고 해도 늦을 수밖에 없다." 우수함과 탁월함은 가슴을 울리는 거창한 말에서 비롯되는 것이 아니라, 일상적으로 일어나는 소소한 일을 차근차근 제대로 해내는 것에서부터 시작된다. 밤낮으로 열심히 실천하고 이를 계속해서 유지해야만 성공하는 습관을 기를 수 있다. 투철한 책임감이 결과를 가져오고, 섬세한 디테일이 승부를 결정짓는다. 내일이 얼마나 남았는지도 제대로 알지 못한 채, 오늘 일을 내일로 미룬다면 그 결과가 어떻겠는가? 내일의 내일은 그저 삶의 끝일 뿐이다. 오늘이라는 시간을 얼렁뚱땅 흘려보내고 내일마저 흐지부지 놓친다면 결국 손에 쥘 수 있는 것은 아무것도 없을 것이다.

"그날 일은 그날 끝내라. 그날 마무리하고 그날 발전한다"라는 경영이념은 기업 경영에 커다란 도움을 줄 뿐만 아니라 기업 구성원에게도 중요하게 작용한다. 이러한 원칙을 오래도록 고수할수록 질서정연한 일처리 및 탁월한 효율을 자랑하는 인재로 성장할 수 있을 것이다.

우리가 하는 모든 일은 상당한 비용을 필요로 하는데, 그중에서도 가장 아까운 비용은 바로 시간이다. 매일 수많은 업무가 주어지는 상황에서 차일피일 미룬 결과는 결국 몇 배나 되는 시간을 들여야 한다는 것을 확인하게 해줄 뿐이다. 그러나 계획대로 주어진 일을 차근차근 완성한다면 게으름 피우다 갑자기 일에 쫓겨 허둥거리는 일은 없을 것이다. "제대로 일하라"라는 말을 도덕 교과서에 나오는 말 정도로 여겼다가는 평생 제대로 된 일처리가 무엇인지 알지 못할 것이다.

우리가 살고 있는 세상은 항상 빠르게 변화한다. 1분 뒤에 어떤 상황이 연출될지는 아무도 알지 못한다. 성공을 거둔 많은 이들은 "즉시 행동하지 못하고 미적거리는 태도 때문에 좋은 기회를 잃고 제자리에 머무를 수 있다"라고 경고한다. 빌 게이츠 역시 이렇게 이야기했다. "해야 할 일을 즉각 해치우지 못하고 차일피일 미룬다거나 조금 뒤에 하겠다고 이야기하는 사람은 모두 약자다. 이에 반해 인내심과 능력을 갖춘 사람은 무슨 일이든 항상 강한 호기심과 뜨거운 열정으로 대하며 즉각 행동한다."

"지금 내일을 기약한다면 모든 것은 그 사이 전혀 다르게 변한다." 오늘 끝낼 수 있는 일을 내일로 미루지 마라. 내일은 내일의 일이 있다. 어제 일은 과거의 일일 뿐 다시 되돌릴 수 없다. 그럼에도 계속해서 이리저리 일을 미룬다면 일을 해결할 수 있는 남아 있는 시간마저 잃게 될뿐더러 해결하지 못한 옛일에 발목이 잡혀 무거운 부담감에 시달려야 한다. 미국의 자선사업가 아모스 로렌스Amos A. Lawrence는 이렇게 이야기했다. "무슨 일에서든 성공하려면 즉각 행동할 줄 아는 습관을 길러야 한다. 그래야만 시대 흐름의 최전방에 설 수 있다. 반대로 항상 미루는 사람들은 시대에게 자신의 자리를 빼앗기고 뒤로 물러난다."

오늘 일을 내일로 미루지 말고 부디 시간을 아껴 쓰기 바란다. 그래야만 내일의 성공을 거머쥘 수 있는 '힘'을 비축할 수 있다. 내일은 또 다른 새로운 존재가 기다리고 있으니 부지런히 오늘 일은 오늘 안에 마쳐라.

'6S 관리법'은 일본 기업의 '5S 운동[13]'이 확장된 형태로, 디테일을 강조하고 작은 일부터 제대로 해낼 것을 주문한다. 여기서 '6S'는 다음과 같다.

1. 정리SEIRI : 작업 장소에 배치된 모든 물품을 필요에 따라 ○, ×로 나눈 뒤 필요한 물품은 남겨두고 나머지는 전부 치운다. 이러한 작업을 통해 공간 낭비를 막고 공간 활용률을 높여 쾌적한 업무 환경을 마련할 수 있다.

2. 정돈SEITON : 남겨둔 필요 물품은 규정된 위치에 배치하고 한눈에 알아볼 수 있도록 가지런히 정돈한다. 업무 환경을 일목요연하게 정돈해 물품을 찾는 데 걸리는 시간을 단축하고 쓸데없이 많은 물품 때문에 업무 환경을 어지럽히지 않는 데 목적이 있다.

3. 청소SEISO : 눈에 보이는 곳, 보이지 않는 곳 모두 깨끗하게 청소해 쾌적한 작업 환경을 확보한다. 이를 통해 품질 향상은 물론 작업 중 사고를 막을 수 있다.

4. 청결SEIKETSU : 위에서 설명한 '3S'를 유지한다.

5. 소양SHITSUKE : 모든 작업자는 올바른 습관을 기르고 규정에 따라 일하며 적극적이고 자발적인 정신을 배양한다.

6. 안전SECURITY : 기존 5S에서 한 가지 추가된 개념이 바로 '안전'이다. '안전제일'이라는 인식을 강조함으로써 미연에 사고를 방지하도록 한다.

6S 관리법은 그리 대단한 이론은 아니지만 가장 기본적인 개념을 담고 있다. 올바른 일 처리 기법에 대한 이해, 현장 경영 원칙 수립, 업무 효율 제고, 작업 환경 구축, 작업자의

능력 계발, 긍정적 가치관 수립 및 경쟁력 제고 등 다양한 경영 활동을 실천하기 위한 기초 작업이 바로 '6S'다. 질서정연하게 정돈된 생산 혹은 작업 환경 없이 양질의 상품이 생산될 수 없고, 제대로 된 작업 환경 하나 구축하지 못한 기업이 시장을 호령하고 몸집을 키울 리 만무하다.

6S 관리법은 작업 담당자에게 정리를 통해 문제를 판단하고, 정돈을 통해 절약을 배우라고 강조한다. 또한 청소 작업을 통해 표준화가 무엇인지 깨닫고 청결 작업을 통해 제도화를 익힘으로써 올바른 마음가짐과 습관을 배우고 안전하게 일을 진행하도록 한다.

Perfect work

제5장

퍼펙트워크의 실천
Perfectwork's Practice

부단히 자신의 결점을
지워나가라

"최고는 없다. 그저 더 나은 결과를 추구할 뿐이다"라는 말이 있다.

퍼펙트워크 역시 쉬지 않고 더 나은 결과를 추구하는 과정이다.

완벽을 추구하는 데는 끝이 없다.

어쩌면 당신은 지금 하고 있는 일에 안정감을 느끼며,

현재의 성과에 만족하며 살고 있을지도 모른다.

하지만 안정이나 만족이 끝이 아니다.

안정보다 안전한 것은 '완벽함'이고, 완벽함보다 뛰어난 것은 '탁월함'이다.

세상에 완벽한 일이란 없다. 무슨 일을 하든

사소하게나마 실수를 저지르거나 결함을 발견할 수 있다.

그래서 더더욱 우리는 완벽을 추구해야 한다.

대수롭지 않다고 해서 우습게 여기다 중요한 순간에 '큰 코' 다칠 수 있다는 걸 명심하라.

끊임없이 앞을 향해 나아가고 부지런히 노력하라.

그것이야말로 퍼펙트워크를 실천할 수 있는 '진리'다.

매일 1퍼센트씩
나아져라

실패하고 좌절했을 때 우리는 능력의 한계를 탓하지만,
능력이 부족해서 할 수 없는 것이 아니다.
그저 제대로 된 노력을 기울이지 않아서 할 수 없었던 것뿐이다.

"날카로운 안목, 빼어난 식견을 지닌 사람이 자신의 한계마저 인정할 줄 안다면 '완벽한 사람'이 되는 날이 머지않았다." 독일의 대문호 괴테의 말이다.

인간은 모두 실수를 저지르는 존재이며 이런저런 문제를 안고 산다. 그러다 보니 온갖 조건에 얽매인 나머지 성공을 향해 과감하게 달려가지 못한다. 하지만 강인한 의지를 갖추고 늘 자신의 실수를 되돌아볼 줄 안다면 당신의 발목을 붙잡고 있는 실수나 결함도 하나하나 극복할 수 있을 것이다. 밥 한 술에 배부를 수 없고, 한 걸음에 천리 길을 갈 수 없다. 하지만 조금씩 나아진다면, 어제보다 더 나은 오늘을 보낼 수 있다면, 그 또한 불가능한 것이 아니다.

제2차 세계대전의 패전국 중 하나인 일본은 전쟁이 끝난 후 심각한 경제 불황과 잿더미로 변해버린 현실에 직면해야 했다. 전후 부흥을 위해 일본 정부는 미국의 경영대가인 에드워드 데밍 박사를 초청했다. 일본을 찾은 데밍 박사는 강연회에서 열변을 토했다. "성공적인 경영 원칙에 관해 온갖 이론이 난무하지만 제가 여러분께 들려드릴 수 있는 이야기는 딱 한 가지입니다. 매일 1퍼센트씩 나아지라는 겁니다."

그날 강연회를 찾은 사람 중에는 마쓰시타 전기의 마쓰시타 고노스케, 소니의 모리타 아키오, 혼다의 혼다 소이치로 같은 일본 경제계의 큰 손도 있었다. 강연회가 끝나고 자신의 회사로 돌아간 이들은 각자 데밍 박사의 이야기를 실제 회사 경영에 접목시키기 위해 애썼고 그 결과 세계를 놀라게 한 '획기적인 성과'를 거두는 데 성공했다. 이때부터 일본에서는 최고 품질상을 '데밍 상'이라 부른다.

시간은 화살처럼 흘러 1980년대, 30억 달러의 적자를 기록한 미국의 포드자동차는 데밍 박사에게 SOS를 쳤다. "데밍 박사님, 자랑스러운 미국인인 박사께서 같은 핏줄인 미국인을 도와주셔야 하지 않겠습니까? 지금 저희는 일본의 혼다 때문에 이만저만 골치 아픈 게 아닙니다." 포드자동차의 요청으로 미국으로 돌아온 데밍 박사는 '매일 1퍼센트씩 나아지라'는 주제의 강연회를 열었고, 그로부터 2년이 지난 후 포드자동차는 60억 달러의 흑자 전환에 성공했다.

실패를 맛보고 좌절했을 때 우리는 능력의 한계를 탓하지만, 대부분의 경우 능력이 부족해서 할 수 없는 것이 아니라 그저 제대로 된 노력을 기울이지 않아 문제에 부딪히고 만다. 과감하게 도전하지 않기 때문에 우리는 자신의 무한한 잠재력과 가능성을 발휘하지 못한 채 살아간다. 성공한 사람이라고 해서 태어날 때부터 승자가 되는 운명을 타고난 것은 아니다. 그들이 우리와 다른 것은 모든 일에 용기를 갖고 도전하며 더 나은 사람이 되도록 부지런히 자신을 채찍질하는 것뿐이다.

"오늘 당신의 능력을 100이라고 한다면 내일은 여기에 1퍼센트 더 노력해라. 그러면 당신의 능력은 101로 향상될 것이다. 그리고 모레는 다시 여기(101)에 1퍼센트의 노력을 더 기울여라. 그러면 당신의 능력은 102.01이 될 것이다. 눈덩이처럼 쉬지 않고 앞으로 구르다 보면 자신도 모르는 사이에 순식간에 커진 자신의 능력을 깨닫게 될 것이다. 그렇게 되면 100일도 되지 않아 100에 불과하던 당신의 능력이 어느새 200으로 늘어나지 않을까? 이렇게 계속해서 반복하다 보면 당신의 능력은 4배 이상 업그레이드될 것이다! 이것이 바로 1퍼센트의 기적이다."

이것이 데밍 박사의 이른바 '1퍼센트 이론'이다. 아래의 이야기를 통해 데밍 박사의 이야기를 좀 더 쉽게 이해해보자.

대기업의 채용 소식을 보고 많은 지원자가 구름 떼처럼 몰려들었다. 훌륭한 인재를 선발하기 위해 해당 업체에서는 무려 세 번에 걸쳐 심사를 진행했다. 1차 시험이 끝나고 장화張華는 99점이라는 높은 점수로 1등을 차지했고 2등은 97점을 받은 리리李麗에게 돌아갔다.

2차 시험이 시작됐는데 시험지를 펼쳐본 응시생들은 자신의 눈을 의심했다. 어찌 된 영문인지 2차 시험 문제가 1차 시험과 똑같았던 것이다. "시험지에 아무런 오류도 없다"라는 시험 감독관의 말이 떨어지자 장화는 한 치의 망설임도 없이 1차 시험에서 써냈던 답안을 그대로 적기 시작했고 30분도 안 돼 자신만만한 표정으로 답안지를 제출했다. 사실 장화뿐만 아니라 대부분의 응시생 역시 지난 1차 시험 때보다 훨씬 빨리 답안지를 제출했다. 드디어 시험 점수가 발표됐다. 이번에도 장화는 99점을 받아 1등을 차지했고, 1점 차이로 리리가 2등을 차지했다.

마지막 3차 시험이 시작됐다. 하지만 이번에도 많은 이들이 이해가 되지 않는다는 듯 고개를 갸우뚱거렸다. 3차 시험의 문제가 지난 두 차례의 시험 문제와 똑같았기 때문이다. "이번 시험 문제는 지난 두 차례에 치러진 시험 문제와 동일합니다. 이런 식의 시험이 말도 안 된다고 생각하는 사람이 있다면 시험지를 내려놓고 퇴장하셔도 됩니다."

시험 감독관의 말에 응시생들은 안심하고 답안을 작성하기 시작했다. 대부분의 응시생이 지난번과 마찬가지로 금세 답안을 써 내려가기 시작했고, 시험이 시작된 지 얼마 되지 않아 시험장 곳곳에서 빈자리가 속출했다. 그런데 밝은 표정의 응시생들과 반대로 리리는 고민의 표정이 역력했다. 미간을 찌푸리며 한참이나 고민하던 리리는 시험 종료 시간이 돼서야 간신히 답안지를 제출했다.

3차 시험의 점수가 공개됐다. 장화와 리리 모두 99점을 받아 공동 1위를 차지했다. 그리고 최종 심사를 거쳐 드디어 합격자의 이름이 발표되는 순간이었다. 사람들은 모두 세 차례에 걸쳐 치러진 시험 내내 1등을 차지했던 장화가 합격할 거라고 예상했다. 그러나 합격자 명단에 이름을 올린 사람은 장화가 아니라 리리였다.

자신이 불합격 된 상황을 도저히 이해할 수 없었던 장화는 채용 담당자를 찾아가 따졌다.

"세 번의 시험에서 저는 매번 99점을 받아 1등을 차지했습니다. 그런데 어떻게 제가 아니라 지난 두 번의 시험에서 저보다 낮은 점수를 받은 사람이 합격한 겁니까? 제대로 심사를 한 게 맞나요?"

장화가 씩씩거리며 따져 묻자, 책임자가 조용히 입을 열었다.

"우리 역시 장화 씨의 능력을 높이 평가했습니다. 하지만 본사에서는 가장 높은 점수를 받은 사람을 뽑는다고 이야기한 적이 없습니다. 점수는 그저 올바른 인재를 뽑기 위한 하나의 잣대일 뿐 유일한 합격 기준이 아닙니다. 물론 장화 씨가 작성한 답안은 최고점을 받았죠. 하지만 당신은 세 번에 걸친 시험에서 항상 같은 내용의 답안지를 제출했습니다. 매번 똑같은 내용이 담긴 답안지처럼 한 가지 생각에만 얽매여 더 나아질 줄 모르는 사람은 저희에게 필요 없습니다. 왜냐하면 그것은 스스로 도태되겠다고 선언하는 것과 다름없으니까요. 본사에서 필요한 사람은 단순히 뛰어난 재능만 갖춘 사람이 아닙니다. 그보다 더 절실하게 찾고자 하는 인재는 지금 현재보다 더 나은 결과를, 더 나은 미래를 생각하는 사람입니다. 그런 직원이 있어야 회사도 성장할 수 있으니까요."

'매일 1퍼센트씩 나아지기'란 그리 어려운 일이 아니지만 이를 위해서는 어제 자신의 모습을 객관적으로 되돌아보고 진지하게 반성하는 작업이 선행돼야 한다. 앞에서도 이야기했듯 세상에 완벽한 것이란 없다. 나약한 인간은 때때로 잘못이나 실수를 저지른다. 이는 심각한 문제라고 할 수는 없지만 앞으로 더 나아갈 줄 모르고 제자리걸음만 한다면 이야기가 달라진다. 위의 이야기에 등장하는 장화는 제

자리걸음을 하는 우리의 모습을 대변하고 있다. 99점이라는 점수에 만족한 장화는 자신이 받지 못한 1점을 어떻게 채워야 할지 생각조차 하지 않았다.

인간은 매일 단순한 일을 되풀이하고 있는 듯하지만 주변을 에워싼 경제 및 사회 환경은 쉬지 않고 빠르게 변화한다. 이러한 상황 속에서 세상의 흐름에 발맞출 수 없다면 당연히 도태되고 실패할 수밖에 없다. 이 사실을 명심하고 부지런히 자신의 부족한 점을 채워나가기 위해 매일 1퍼센트씩 나아져라. 그렇다면 어제보다 더 나은 오늘, 오늘보다 더 나은 내일을 살게 될 것이다.

많은 이들이 성공의 문 앞에서 좌절하고 실패한다. 이는 자신의 결함을 극복하지 못하거나 자포자기하기 때문이다. '어제보다 조금이라도 더 나은 자신이 되겠다'라고 매일 다짐하고 그렇게 행동한다면 자신도 모르는 사이에 성공이 먼저 다가올 것이다. 타고난 팔자가 어떻다는 둥 태어날 때부터 별다른 재능을 얻지 못했다는 둥 불평할 필요 없다. 성공을 거뒀다고 평가받는 사람들, 이를테면 스티븐 호킹 박사, 베토벤, 헬렌 켈러 등이 성공할 수 있었던 것은 하느님으로부터 '총애'를 받았기 때문이 아니라 과감하게 자신의 한계에 도전하고 매일 실수를 반성하고 극복하면서 조금씩이라도 앞으로 나아갈 줄 알았기 때문이다. 끊임없이 자신에게 도전해야만 어제보다 더 나은 자신을 매일 만날 수 있고, 남들보다 탁월한 사람도 될 수 있는 법이다.

우리는 모두 저마다 꿈이 있다. 제아무리 큰 꿈이라고 해도 조금씩 노력하며 도전한다면 언젠가는 실현될 것이다. 지금보다 더 대접받고 싶은가? 자신의 재능을 보여줄 무대에 오르고 싶은가? 그렇다면 먼저 매일 1퍼센트씩 더 나은 자신이 되도록 노력하라.

'늙은 생강'에게
가르침을 구하라

옛말에 "늙은 생강이 맵다"라고 했다.
우리 주변에도 경험이 풍부한 '늙은 생강'이 있다.
오랜 세월의 풍파를 견디며 살아남은 그들의 깨달음을 배워라.

스위스 속담 중에 "바보는 현명한 사람에게서 아무것도 배우지 못하지만 현명한 사람은 바보에게서 많은 것을 배운다"라는 말이 있다. 자신이 평소 바보처럼 행동하지는 않는지, 다른 사람으로부터 많은 지식을 '흡수'하지 못하는 건 아닌지 한번 생각해보라. 그리고 현명한 사람처럼 자신보다 나은 사람을 관찰하고, 그가 왜 앞서가는지 고민하고 겸허한 자세로 가르침을 구하라.

경험이란 오랜 시간 동안 꾸준히 쌓이고 쌓여 생겨나는 것이다. 다양한 분야에서 쌓은 지식과 지혜를 '습득'하는 것이 중요하다. 쉽게 말해서 다양한 사람과의 만남을 통해 여러 가지 경험을 맛보라는 것이다. 직장인에게 이는 특히 중요하다. 자만하지 말고 직장 선배로부터 여태껏 자신이 겪어보지 못한 경험을 적극적으로 배워야 한다.

옛말에 "늙은 생강이 맵다"라고 했다. 우리 주변에 있는 '늙은 생강'은 우리보다 긴 세월을 보냈고, 경험 역시 풍부하다. 무엇보다도 오랜 세월의 풍파를 견디며 살아남은 그들의 깨달음은 깊이를 가늠하기 어려울 정도로 심오하다. 그러므로 세상살이를 한참 더 배워야 하는 젊은 세대는 온갖 시련을 겪은 '늙은 생강'에게 인생의 가르침을 구해야 한다. 그들은 인생의 거친 물살을 헤치고 지금 이 자리에 서 있는 그 '경력' 하나만으로도 삶의 소중한 보물을 찾아낸 것이나 다름없다. 그런 그들에게 조언을 구하고, 그들의 충고에 귀 기울이면 엉뚱한 길을 헤매지 않고 성공으로 향하는 길에 오를 수 있다. 다음의 앵무새 이야기를 통해 오랜 경험의 진정한 가치를 되새겨보라.

샤오리는 앵무새를 사기 위해 친구와 시장에 들렀다. 평소 화려한 깃털은 물론 말도 할 줄 아는 앵무새를 사고 싶었던 샤오리는 가게 안에 발을 들여놓자마자 잔뜩 흥분했다. 맨 처음 본 앵무새는 2개 국어를 할 줄 안다는 설명과 함께 200위안이라는 가격표를 달고 있었다. 그 옆에 있는 앵무새는 400위안으로, 주인의 말에 의하면 4개 국어를 구사할 줄 안다고 했다. 두 마리 중에서 과연 어떤 것을 사야 할까? 화려한 깃털을 자랑하는 두 앵무새를 바라보며 어떤 것을 사야 할지 몰라 망설이던 샤오리의 눈에 순간 초라하기 짝이 없는 늙은 앵무새가 들어왔다. 털도 조금 빠진 데다 기운 없는 모습에도 불구하고 앵무새의 가격은 무려 800위안이었다. 고개를 갸우뚱거리던 샤오리는 주인에게 늙은 앵무새를 가리키며 다른 앵무새보다 훨씬 비싼 것을 보니 8개 국어를 할 줄 아느냐고 물었다.

"아니오. 그렇게 많이는 못해요."

"아니 그럼, 늙은 데다 생김새도 별로고, 거기다 능력도 없는 저 늙은 앵무새가 어째서 800위안이나 하는 거죠?"

"그 이유야 간단하죠. 손님이 앞서 본 두 마리 앵무새 모두 저 늙은 앵무새한테서 말을 배운 거라오."

늙은 앵무새는 화려한 깃털도, 빼어난 언어 능력도 없지만 최고가를 받기에 충분한 '자격'을 갖추었다. 오랜 시간 동안 말을 했던 경험 덕분에 언제 말을 해야 할지, 언제 침묵해야 할지 잘 알고 있었다. 게다가 상황에 따라 어떤 말을 해야 하는지도 알고 있었고, 사람들의 표정이나 몸짓을 읽어낼 줄도 알았다. 어리고 화려한 젊은 앵무새들에게는 없는 '늙은 앵무새'의 최대 무기는 바로 경험이었다. '늙은 앵무새'가 젊은 앵무새에게 들려주는 값진 충고나 교훈은 그들이 오랜 세월을 살아오면서 얻은 깨달음으로, 인생의 성공과 실패를 두루 맛보며 얻은 소중한 삶의 지혜다. 현명한 사람이라면 이처럼 귀한 것을 마다할 리 만무하다.

옛날 한 소국이 중국에 조공을 바쳤는데, 수많은 공물 중에서도 단연코 사람들의 시선을 사로잡은 것이 있었다. 바로 황금으로 만든 세 개의 조각상으로, 흡사 살아 있는 사람을 떠올리게 할 만큼 정교한 솜씨를 자랑하고 있었다. 세상에 귀하다는 온갖 보석으로 치장된 세 조각상의 모습에 황제는 무척 만족스러워했다. 미소 짓는 황제를 보며 공물을 가지고 온 소국의 대신이 조용히 입을 열었다.

"세상에서 가장 존귀한 황제께서는 세상에 모르는 것이 없다 들었습니다. 부디 소신에게도 귀한 혜안을 볼 수 있는 영광을 주시옵소서. 청컨대 저희가 이번에 바친 세 개의 조각상 중에서 가장 귀한 것이 어떤 것인지 가려주시옵소서." 사실 세 개의 조각상은 모두 똑같은 모습을 하고 있었다. 일개 소국의 사신이 무엄하게도 자신에게 문제를 낸다는 생각에 황제는 언짢아했지만 이내 아무렇지도 않다는 표정을 지었다. 황제는 보석 감정사를 불러 가장 귀한 조각상을 골라내도록 했다. 감정사는 조각상의 무게를 재보거나 세공술을 살펴봤지만 아무리 봐도 세 조각상 모두 똑같다는 결론을 내놨다. '별 볼 일 없는 조공국의 사신이 낸 문제 하나 제대로 맞추지 못하다니!' 체면을 구긴 황제는 문무백관을 불러놓고 문제를 맞힌 자에게 상을 내리겠노라 호언장담했다.

한 자리에 모인 조정대신들은 머리를 맞대고 문제를 풀기 시작했지만 시간이 지나도 뾰족한 수가 떠오르지 않았다. 혈기왕성한 젊은 대신들은 답답한 마음에 이런 저런 의견을 쏟아내더니 급기야 내가 옳네, 네가 옳네 하며 말다툼을 벌이기 시작했다. 그런데 오래 전 관직에서 물러났던 늙은 대신이 그 모습을 물끄러미 바라보다가 자신에게 해결책이 있다며 황제에게 사신을 대전으로 불러달라고 청했다. 사신이 당도하자 늙은 대신은 조용히 앞으로 나와 세 조각상 앞에 섰다. 그는 품 안에서 볏짚 세 가닥을 꺼내더니 그중 한 가닥을 조각상의 귓속으로 밀어 넣었다. 그러자 반대편 귀에서 볏짚이 나왔다. 볏짚이 통과된 것을 보니 조각상 안은 비어 있는 것이 틀림없었다. 이어서 두 번째 조각상의 귀에 볏짚을 밀어 넣자 입에서 볏싶이 나왔다. 이 역시 안이 비어 있는 것이었다. 늙은 대신은 마지막으로 남은 조각상의 귀에 볏짚을 밀어 넣었는데, 놀랍게도 볏짚은 어디에서도 나오지 않았다. 조각상 안이 보석으로 꽉 차 있는 것이 분명했다. 이를 확인한 늙은 대신은 세 번째 조각상이 가장 귀한 것이라고 말했다.

누구도 쉽게 알아내지 못할 것이라 여기며 득의양양해하던 사신은 머리를 숙이더니 정답이라고 밝혔다. 옆에서 조용히 이 모든 상황을 지켜보던 젊은 대신들은 늙은 대신을 존경의 눈빛으로 바라볼 수밖에 없었다.

나보다 경험이 많은 사람에게서 가르침을 얻는다는 것은 자신의 경험에 그들의 경험을 더하는 것이다. 뛰어난 코치 없이 세계 신기록 같은 우수한 성적을 거둔 운동선수는 없을 것이며, 위대한 스승의 가르침 없이 혼자서 걸출한 성과를 올린 학자도 없을 것이다.

명문대 졸업생을 대상으로 한 조사를 통해 경험이 때로는 우리의 삶에 결정적인 영향력을 발휘할 수 있다는 사실을 확인할 수 있다. 캐나다 맥길대학교McGill University 품질학 교수는 1990년 하버드 비즈니스 스쿨Harvard Business School을 졸업한 열아홉 명의 우등생을 추적·조사한 끝에 흥미로운 결과를 발표했다. 명문대 우등생 출신이니 분명 탄탄대로를 걷고 있을 것이란 예상과 달리 전체 조사 대상자 중 열 명은 '루저'로 전락했고, 네 명은 각자 저마다의 곤경에 처해 있었으며, 나머지 다섯 명만이 제법 성공한 인생을 살고 있었다. 똑같은 출발선에 섰던 그들은 어떻게 전혀 다른 상황에 직면하게 된 것일까? 조사 자료를 종합 분석한 결과, 직장에서 어떤 경험을 쌓느냐에 따라 인생이 달라졌다는 결론에 도달할 수 있었다.

이 외에도 경험의 중요성을 보여주는 사례는 셀 수 없이 많다. 지금의 자신에 만족하지 말고 겸허한 마음으로 부지런히 인생의 선배에게 가르침을 구해야 하는 이유가 바로 여기에 있다. 맨손으로 시작해서 성공을 거둔 기업가를 살펴보면 하나같이 적극적으로 다른 사람의 장점을 자신의 무기로 삼는 데 능숙했다는 것을 발견할 수 있을 것이다.

일하면서 어떻게 해야 할지 모를 문제를 만났을 때, 무엇을 취하고 무엇을 버려야 할지 모를 때, 혹은 회사에서 벌어지는 골치 아픈 싸움에 어떻게 대처해야 할지 모를 때, 가장 현명한 방법은 '인생의 선배'에게 겸손히 가르침을 구하는 것이다.

지식도 늙는다!
학습형 인재가 돼라

지금 '화려한 시절'을 보내고 있다고 해도
그 자리에 멈춰 서면 금세 뒷사람에게 추월당할 것이고
결국 '아웃'되고 말 것이다.

목숨 외에 포기할 수 없는 것이 무엇이냐고 내게 묻는다면, 그것은 배움에 대한 열망이라고 말하겠다. 계속해서 우위에 설 수 있도록 지탱해주는 유일한 경쟁력은 당신의 경쟁자보다 한 발 먼저 학습 능력을 갖추는 것이다.

만일 당신이 이미 공부의 즐거움을 깨달았다면, 먼저 축하의 말을 건넨다. 당신은 분명 성공할 것이다. 그런데 만일 배움에 대해 별다른 감흥이 없다거나 자신의 흥밋거리가 아니라고 느끼면서도 미래를 위해 노력을 기울일 각오가 있다면 "학습형 인재가 돼라"라는 말을 부디 잊지 않기 바란다.

지식경제 시대에 배움은 평생 해야 할 일이고 필요하다면 죽을 때까지 언제든지 해야 할 일이다. 배움을 통해 우리는 미지의 세상을 개척할 수도 있고 그 분야의 전문가가 될 수도 있다. 그런 까닭에 학습 능력을 상실했다는 것은 성공을 버린 것과 다름없다. 스스로 한번 냉정하게 생각해보라. '나의 학습 능력은 과연 충분한가?'

수많은 대기업에서 인재를 선발할 때 던지는 질문 가운데 중요한 것은 '뭘 할 줄 압니까?' '전공이 뭡니까?'가 아니라 '회사에서 알려주는 것을 제대로 배울 수 있습니까?'라는 질문이다. 이는 배움의 과정에 있는 모든 사람에게 전하는 중요한 '메시지'이기도 하다. 즉, 단순히 지식을 '보유'하는 것보다 새로운 지식을 과감하게 '수용'할 수 있는 능력이 더욱 중요하다는 것이다.

현대사회의 생존 경쟁은 나날이 치열해지고 있다. 지식의 업데이트 역시 점차 가속화되고 있고 과학기술 역시 하루가 다르게 발전하고 있다. 1분 1초가 변하는 사회에서 어느 누구도 모든 지식을 다 '장악'했다고 할 수 없다. 이러한 상황 속에서 기업이 '낡은 지식'만 붙든 채 새로운 지식을 외면하는 인재를 선호할 리 만무하다. 현대사회는 그 어느 때보다 강력한 학습 능력을 갖춘 인재를 필요로 한다.

지식을 단편적으로 '획득'하기보다는 제대로 된 배움을 통해 '습득'

해야 한다. 모든 조직이 점진적으로 개방된 학습형 조직으로 변화하고 있는 상황에서 업무의 담당자는 자신만의 학습 스킬을 연마해 업무 지식을 익히고, 부지런히 '지식의 규모'를 확대해 다양한 분야에서 경험을 쌓고 자신의 잠재력을 계발해야 한다.

내로라하는 명문대에서 컴퓨터를 전공하는 특이한 '신분'의 대학원생이 있다. 그는 컴퓨터 어플리케이션 관련 업체를 운영하는 어엿한 사장님이기도 하다. 바로 량하이梁海라는 이름의 청년이다. 어린 나이에도 그가 성공할 수 있었던 비결에 대해 주변 지인들은 하나같이 그의 남다른 학습 능력을 꼽았다.

열다섯 살 때 중국에서 유명한 선박 산업학교에 입학한 그는 우연한 기회에 컴퓨터를 접하게 된 후 그 '신기한 기계'에 매료되고 말았다. '컴퓨터를 지배하지 못하면 나중에는 컴퓨터에 지배당하게 될 거야!' 컴퓨터에서 성공 가능성을 확인한 량하이는 컴퓨터와 관련된 지식을 얻기 위해 고군분투했다. 그는 열심히 공부해 명문대에 들어갔고 컴퓨터를 전공하며 열정적으로 학업에 매달렸다. 뛰어난 학습 능력과 함께 적극적인 실천력을 앞세운 량하이는 자신만의 연구실을 차리고 '학생 사장'이라는 직함을 달았다. 연구실을 차린 지 반 년도 되지 않았지만 량하이는 식별 능력을 갖춘 지능화된 감시 시스템, GPS 등 다양한 프로젝트를 개발하는 데 성공했다. 교수나 동기는 물론, 량하이의 부하 직원 모두 그의 학습 능력을 높이 평가했다. 량하이는 컴퓨터라는 미지의 영역이 '시야'에 처음 들어온 순간부터 지금까지 최상의 사업 기회와 연구 방향을 모색하기 위한 만반의 준비를 갖출 수 있도록 자신을 열심히 채찍질했다.

경쟁이 치열한 사회에서는 끊임없이 배워야만 경쟁력을 높일 수 있다. 부지런히 공부해야 안정적인 기반을 마련할 수 있고, 끊임없이 자신의 재능을 키워야만 다른 사람에게 추월당하지 않을 수 있다. 냉혹한 직장의 생존 법칙은 '승자가 모든 것을 다 가져간다Winner takes all'는 것이다. 실적을 우선시하는 경영자로서는 '능력'을 가장 중요한 업무 기준으로 삼을 수밖에 없다. 제아무리 '화려한 시절'을 보내고 있다고 해도 그 자리에 멈춰 서 있다면 금세 뒷사람에게 추월당해 '찬밥' 취급 받고 결국 '아웃'되고 말 것이다.

기업 밖의 세상은 끊임없이 변화하기 때문에 기업 안의 사람은 그 변화를 부지런히 쫓아가야 한다. 오늘날 대다수 기업은 '급변하는' 업무 환경에서 월등한 실적을 올릴 수 있을 만큼 '최신' 기술과 능력을 구비한 인재를 필요로 한다. 제아무리 화려한 '스펙'을 자랑한다고 해도 과거의 영광이 미래의 성장을 보장해줄 수 없다. 기업 구성원은 새로운 변화 앞에 움츠려들거나 방관자가 되지 말고 변화의 부름에 응해야 한다.

무역회사에서 7년 동안 영업사원으로 일하고 있는 펑위롄彭玉蓮은 지난 몇 년 동안 계속해서 '우수사원'으로 뽑히며 많은 이들로부터 높은 평가를 받았다. 부서 총책임자를 선발하는 후보자 명단에 이름을 올린 그녀는 그간의 업무 실적을 떠올리며 '합격 소식'을 기대했지만, 경영진에서는 그녀 대신 컴퓨터를 능숙하게 다룰 줄 알고 외국어 실력도 유창한 '외부 인재'를 영입했다. 승진이 유력하던 그녀의 발목을 붙잡은 것은 무엇이었을까?

사실 펑위롄의 상사는 예전부터 그녀의 가능성을 높이 평가했고, 실력을 더 쌓으라며 적극적으로 해외 연수를 권유했었다. 하지만 펑위롄은 회사 일이나 가사 문제 때문에 몸이 열 개라도 부족한 마당에 해외 연수는 무리라며 그저 하루하루 보내기 바빴다. 그러다 보니 자신에게 '충전'할 기회를 주지 못해 그녀의 지식은 '노후'되고 말았다. '낡은 지식'만 붙잡고 있는 펑위롄에게 새로운 도전은 무리라는 판단에 결국 경영진은 새로운 인물을 영입한 것이다.

일반적으로 기업은 '배움에 무관심한 데다 요령만 남은 뒷방 늙은이'보다 이제 막 학교 문을 나선 혈기왕성한 사회초년생을 선호한다. 하지만 혈기 넘치는 젊은 직원들도 업무에 쫓겨 사느라, 혹은 피곤하다는 이유로 배움에 게을렀다가는 최신 지식으로 무장한 '새로운 피'에게 자리를 내주고 '뒷방 늙은이'로 물러날 수 있다. 그러므로 직장에서 안정적인 기반을 마련하기 위해서는 진지하게 자신의 일을 대하고, 그 속에서 경험을 쌓고 최신 지식을 습득해야 한다. 물론 단순히 이를 머리로만 담는 게 아니라 실제 행동으로 옮겨야만 계속해서 성장할 수 있다는 것도 명심해야 한다.

장밋빛 미래를 꿈꾸는 사람이라면 두 눈 커다랗게 뜨고 자신과 관련된 일이나 사물, 사람을 살펴라. 꼼꼼하면서도 자세한 관찰이 중요하다. 돈보다 중요한 것이 학습 능력이라는 사실을 명심하고 항상 배움의 기회를 찾아야 한다.

실패하는 데 나름의 이유가 있듯 성공하는 데도 나름의 공통된 비결이 있다. 누구보다도 뛰어난 학습 능력으로 단단히 무장하는 것이다. 실패한 인생이 되고 싶지 않다면 지금부터라도 자신의 개성을 자세히 연구해 자신에게 가장 적합한 학습법을 찾아내야 한다. 현명한 사람이라면 자신의 능력을 갈고닦을 기회는 물론 능력을 시험해볼 수 있는 도전을 놓치지 않을 것이다.

배움은 인생에서 중요한 과목이다. 지식을 얻을 수 있는 효과적인 방법이자 자신을 성장시킬 수 있는 중요한 수단이기 때문이다. 배움을 통해 얻은 지식을 성장을 위한 발판으로 삼지 못한 사람은 계속해서 캐낼 '잠재력'을 상실하게 된다. 자신이 선택한 일과 관련된 온갖 지식을 스펀지처럼 순식간에 흡수할 줄 알아야 한다. 동료나 상사, 혹은 인생 선배에게 도움을 청해도 되고, 각종 매체나 잡지에 실린 지식을 흡수해도 좋다. 전문적인 강좌나 토론회 등에 참가하는 것도 좋다. 자신이 몸담은 업계 이곳저곳을 돌아다니며 끊임없이 배움을 갈구해야 해당 분야의 전문가에 다가설 수 있음을 기억하기 바란다.

배움과 일은 맞물려 있다. 배움을 통해 어떻게 일해야 하는지 배우고, 동시에 일을 통해 무언가를 배울 수 있다. 실력은 어느 날 갑자기 하늘에서 '뚝' 하고 떨어지는 것이 아니라 '자신'에게서 비롯된다. 현대사회는 많은 기회를 제공하고 있지만. 그 기회를 적극적으로 잡지 않고 배움에 게으른 사람은 사회에서 결국 도태되고 만다. 매일 공부해야 매일 실력도 늘어나고, 매일 기회를 잡아야 일에도 활력을 불어넣을 수 있다.

현명한 사람은
하루 세 번 반성한다

어떻게 반성하느냐에 따라
거둘 수 있는 수확물의 크기도 달라진다.
반성이 없으면 당연히 수확물도 없다.

고대 현인 증자曾子는 하루에 세 번 자신을 반성한다고 했다. 반성은 자신의 과거를 '정리'하는 작업으로, 과거의 일과 생활을 돌이켜보며 성공한 이유와 실패한 원인을 파악하고, 성공과 실패 사이에서 자신만의 규칙을 찾는 것이다.

이러한 작업을 통해 우리는 유익한 경험을 얻을 수 있는데 또 다른 말로 이를 '지혜'라고 부른다. 자신을 어떻게 '반성'하느냐에 따라 거둘 수 있는 수확물의 크기도 달라진다. 반대로 제대로 반성하지 않는다면 당연히 아무런 수확도 얻을 수 없다.

화웨이의 CEO 런정페이는 회사 경영진이 주축이 된 회의에서 이런 말을 했다고 한다. "제가 여러분보다 더 높은 지위에 오른 까닭이 뭔지 아십니까? 성공하든 실패하든 그 속에서 여러분보다 좀 더 많은 교훈을 얻었기 때문입니다."

옳은 이야기다. 무슨 일이든 반성하고 그 속에서 교훈을 찾아내야만 예상치 못한 성과를 거둘 수 있을 뿐만 아니라 사건의 본질을 깨달을 수 있다. 또한 자신만의 법칙을 찾아내 성공에 한 발짝 더 가까이 다가갈 수 있다. 다시 말해서 반성을 통해 정확한 일처리에 대한 개념과 방법을 배울 수 있고, 교훈을 통해 결함의 발생을 막고 이를 거울삼아 똑같은 실수를 되풀이하지 않을 수 있다.

자신의 일과 삶에서 경험을 돌이켜보고 교훈이나 성과를 평가하는 작업은 끊임없이 업무를 개선하는 동시에, 적극적인 행동력을 통해 성장을 추구하고 실패를 피할 수 있는 효과적인 대책이자 방법이다. 화룬華潤의 전 CEO 닝가오닝寧高寧[14]은 군사 이론에서 '기업 생존 환경을 위한 10계명'을 발견하고, 변화에 따라 실시간으로 전략을 조정해 화룬을 성공의 반열로 끌어올리는 데 성공했다.

태어날 때부터 '성공 DNA'를 지닌 사람은 없다. 그저 매순간 자신의 행동을 반성하고 실수를 저지르지 않는지 스스로를 냉철하게 살필 줄 아는 사람만이 최후의 승자가 될 뿐이다. 인간은 때로는 좌절

하기도 하고, 때로는 실패하기도 하지만 현명한 사람은 실패 속에서
교훈을 찾고 경험을 제 것으로 삼아 성공을 거둔다.

창립 초기 롄샹Lenovo(중국의 대표적인 IT업체) 그룹은 직원 수가 소수에
불과한 전형적인 영세 업체로, 초기 자본금 역시 20만 위안에 불과
했다. 사업을 시작한 지 얼마 되지 않아 롄샹은 사기를 당하는 바람
에 20만 위안 중 무려 10만 위안을 내주며 심각한 경영난에 빠졌다.
전 직원이 하나로 똘똘 뭉쳐 위기를 극복하기는 했지만 그 와중에 부
사장이 여전히 후유증에 시달릴 만큼 큰 충격을 받아 병석에 드러눕
기도 했다. 이 일을 통해 롄샹은 커다란 교훈을 얻었고 창업자인 류
촨즈柳傳志[15] 역시 자신의 부족함을 반성했다. 자신의 행동을 객관적
으로 반성할 줄 알았던 류촨즈의 노력으로 롄샹은 여러 번 위기를 넘
기며 마침내 중국 굴지의 그룹으로 우뚝 섰다.

푸단復旦 대학교에서 열린 강연회에서 류촨즈는 진지한 표정으로
청중에게 경고했다. "과감하게 사업을 시작하는 젊은이의 용기와 열
정은 환영합니다. 하지만 실패와 성공 속에서 자신의 행동을 반성하
고 교훈을 얻으려는 노력이 없다면 심각한 어려움에 부딪힐 수 있다
는 걸 명심해야 합니다."

충분한 자신감과 결연한 의지를 지녔다면 어려움을 극복할 해결책

을 찾을 수 있다. "사람의 힘으로 운명을 극복할 수 있다"라는 이야기는 그저 듣기 좋은 격언이 아니라 인류의 무한한 잠재력을 응원하는 충고다. 철저한 시간관념, 효율을 강조하는 산업사회에서 '쇠방망이를 갈아 바늘로 만드는' 이야기는 더 이상 통용되지 않는다. 반드시 지름길을 갈 필요는 없지만 그렇다고 미련스럽게 주어진 길만 갈 필요도 없다. 결승점에 도착하기 위한 가장 효율적인 방법을 찾아야 하는데, 그것이 바로 자신의 행동을 돌아보고 반성하는 일이다.

이나모리 가즈오는 일본 경제계에서 '경영의 신'으로 불리는 인물로, 그가 세운 교세라는 일본에서 손꼽히는 기업 중 하나로 평가받고 있다. 창립된 지 얼마 지나지 않았을 무렵 교세라는 마쓰시타 전기로부터 브라운관에 들어가는 부품 중 하나인 U자형 절연체를 공급해 달라는 요청을 받고 서둘러 계약을 체결했다. 당시 신생업체였던 교세라에게 이 거래는 인지도를 높일 수 있는 절호의 기회였다.

하지만 마쓰시타와의 거래는 그리 녹록치 않았다. 마쓰시타 전기는 깐깐하기로 유명했는데 오죽하면 당시 일본 경제계에서도 '꼬리에 난 털마저 모조리 뽑아간다'는 평가가 나올 정도였다. 사실 마쓰시타 전기는 이제 막 공장을 가동하기 시작한 교세라를 만만하게 생각하고 있었다. 신생업체였지만 품질이 뛰어나 자사에 부품을 공급할 수 있는 기회를 주었을 뿐, 가격 면에서 조금의 '에누리'도 없었다.

한 치의 협상 여지도 없는 가격표를 제시한 마쓰시타 전기는 심지어 매년 단가를 내리라는 요구사항도 전달했다.

이러한 마쓰시타 전기의 완고한 태도에 교세라의 일부 직원들은 상당히 실망한 눈치였다. 그도 그럴 것이 자신들로서는 더 이상 양보할 것이 없을 만큼 할 수 있는 모든 것을 했는데도 마쓰시타 전기는 여전히 '불만족스러운 눈치'였기 때문이다. 이렇게 계속해서 마쓰시타 전기와 거래하다가는 흑자는커녕 적자만 볼 것이라는 생각에 일부 직원들은 차라리 마쓰시타 전기와의 거래를 포기하자고 이야기하기도 했다. 하지만 이나모리 가즈오는 단호하게 고개를 저었다. 마쓰시타에서 낸 '시험 문제'는 확실히 풀기 어렵지만 그렇다고 쉽게 무릎 꿇으면 자신들의 잠재력을 찾는 데 실패할 것이라고 생각했기 때문이다.

다시 한 번 전 직원이 하나로 뭉친 교세라는 '아메바 경영'이라는 새로운 경영방식을 도입해 과감한 도전에 나섰다. 아메바 경영이란 거대한 회사를 독립채산이 가능한 최소 단위로 나눠 경영하는 관리 방법으로, 전 사원에게 역할과 책임을 명확하게 부여하고 '매출 최대화, 경비 최소화'라는 경영 원칙을 실천토록 하는 것이다. 아메바 경영법이 도입되면서 포장을 담당하고 있는 나이 든 할머니 직원까지도 포장용 밧줄의 원가를 정확하게 알게 되었고, 밧줄 하나를 버리면 얼마의 손실이 발생하는지도 파악하게 됐다. 이렇게 회사의 경영비

용을 대폭 절감하는 데 성공한 교세라는 까다로운 마쓰시타 전기의
요구사항을 모두 수용함으로써 결국 괄목할 만한 성과를 거둘 수 있
었다.

해마다 연말이 되면 많은 기업에서 온갖 종류의 '반성회'를 개최한
다. 기업의 한 해 성과를 마무리하는 작업은 당연히 건설적인 행위지
만 대부분의 기업, 혹은 대다수의 사람들은 이를 그저 형식적인 절차
라고 생각한다. 그런 까닭에 듣기 좋은 보고서만 발표하고 문제점에
대한 언급은 최대한 회피한다. 그렇게 실적을 포장하는 데만 급급하
다 보니 '반성'이라는 본래 의미가 퇴색되고 만다.

잘못된 일이나 실수, 실패에 대해 냉정히 반성할 줄 알아야 한다.
항상 같은 곳에서 넘어지는 사람은 성공하기 어렵다. 자신이 걸어온
길을 되돌아볼 줄 모른다면 실패라는 함정에 쉽게 빠질 수밖에 없는
것이다.

대기업을 경영하는 사장이 아침 일찍 출근하다가 새로 온 청소부
가 열심히 빗질하고 있는 모습을 발견했다. 사장은 미소 띤 얼굴로
청소부에게 인사를 건넸다. "자네도 열심히 하다 보면 언젠가 나처
럼 큰 사업을 할 수 있을 걸세."

그러자 청소부가 조용히 대답했다. "사장님도 열심히 회사를 경영

하셔야 합니다. 그렇지 않으면 언젠가 저처럼 청소부가 될 테니까요!"

일개 평직원이라고 해서 귀중한 삶을 허투루 보내선 안 되고, 기업을 경영하는 사장이라고 해서 지금의 성과만 믿고 안주해서는 안 된다. 성공과 실패는 한 번의 기회만으로도 순식간에 바뀔 수 있기 때문이다.

제대로 된 반성을 위한 3가지 원칙

마쓰시타 고노스케는 기업 경영에 대해 "비가 오면 우산을 쓴다"라고 표현했다. 무슨 일을 하든 편안한 마음으로 자연스럽게 규칙에 따라 행동하라는 뜻이다. 제대로 반성하려면 아래 원칙을 지켜야 한다.

1. 경험과 교훈 모두 반성에서 비롯된다. 경험은 성공적인 일처리에서 얻을 수 있는 지혜이고, 교훈은 실수나 잘못에 대한 반성을 통해 얻어지는 결과물이다. 성공했다고 해서 잘난 척하지 말고 성공할 수 있었던 원인을 진지하게 살펴보고 앞으로도 참고할 수 있도록 '정리'해야 한다. 그리고 실패했다고 해서 풀 죽어 있지 말고 실패하게 된 이유를 찾아내고 그 속에서 교훈을 도출해 똑같은 실수를 되풀이하지 않도록 자신만의 법칙을 세워야 한다.

2. '과장'하지 말고 현실적으로 사고하고 현실적으로 행동하라. 반성은 사실을 근거로 한 결과를 검토하고 분류함으로써 '조례화'하는 작업이다. 인위적으로 수치를 끌어올리거나 부풀리지 말고 다른 사람의 성과를 내 것인 양 꾸며서도 안 된다. 사실과 데이터를 확보해야 한다.

3. 문제를 피하지 마라. 반성의 목적은 문제를 수정하고 자신의 능력을 한 단계 끌어올림으로써 실제 생활에 적용하는 데 있다. "실적은 말하지 않아도 도망가지 않지만, 문제는 이야기하지 않으면 큰일 난다"라고 했다. 성과를 평가하는 동시에 그 과정에서 발견한 문제점이나 단점을 객관화해야 한다.

탁월함을
습관화하라

우리는 모두 여러 번 반복된 행위를 통해 만들어진다.
그러므로 '탁월함'은 단순히 단일한 행위가 아니라
일종의 습관이다.

영국의 유명한 철학자 베이컨Francis Bacon은 습관에 대해 이렇게 이야기했다. "습관은 거스를 수 없는 막강한 힘을 가지고 있다. 습관이 인생을 결정할 수도 있다."

태어날 때부터 위인이라고 불리는 사람은 아무도 없다. 탁월함은 노력에서 비롯되기 때문이다. 더듬더듬 말을 배울 때부터 거친 사회에 뛰어들기까지, 광활한 공간과 길고 긴 세월 속에서 누군가는 화려하게 피어나고 누군가는 가혹한 운명의 심판을 받는다. 넘어지자마자 벌떡 일어나 계속해서 앞을 향해 달리는 사람이 있는가 하면, 한 평생 기회를 놓치다 끝내 되돌릴 수 없는 처지로 내몰리는 사람도 있다. 그 원인을 찾아보면 습관이라는 결론에 도달하게 된다.

탁월함을 습관화하라. 언제든지 우리의 행위를 '습관적으로' 탁월하게 만드는 것이야말로 올바른 처신술의 법칙이다. 성공으로 향하는 길은 수천, 수만 개이고 성공하기 위한 방법 역시 셀 수 없이 많지만, 성공의 핵심은 한마디로 '습관의 힘'에 있다. 미국의 베스트셀러 작가 잭 핫지Jack D. Hodge가 쓴 『습관의 힘Power of Habit』은 성공 비결이 습관에서 비롯된다는 답을 들려준다. 부지런히 노력하는 성실함, 시련에도 무릎 꿇지 않는 강인함, 만족스러운 성과를 만들어내는 의지는 모두 일종의 습관이다. 고대 로마의 시인 오비디우스Ovidius도 "습관보다 더 큰 힘은 없다"라고 이야기했다. 인간이 매일 하는 행위 중 90퍼센트는 습관의 지배를 받고 있다. 탁월한 사람이 되려면 탁월함을 습관처럼 자연스레 몸과 마음에 익히고 까다롭다 싶을 정도로 자신에게 엄격해야 한다. 그러므로 지금부터라도 탁월함을 습관화해서 이를 '제2의 천성'으로 삼아야 한다.

중국 펀드업계의 '진뉴장金牛奬'은 업계 최고의 권위를 자랑하는 상이다. 궈타이國泰(1998년에 세워진 중국 1세대 펀드 운용사) 펀드의 여성 CEO 진쉬金旭[16]는 궈타이가 7개 부문에 걸쳐 진뉴장을 수상했다는 소식에 기쁨을 감추지 않았다.

　"이번 성과에 무척 만족스럽습니다. 하지만 상은 과거의 실적을 평가하는 것이지요. 오늘은 또 다른 새로운 시작입니다." 쉬지 않고 자신을 넘어뛰겠다는 말이다. 궈타이에서는 '안락함 속에서도 위기를 고민한다'는 교훈을 지키고 있으며, 나아가 이는 '위기에 처했으면서도 또 다른 위기에 대비한다'는 것으로 이어진다. 실제로 궈타이는 500억 위안이라는 막대한 규모의 자금을 보유하고 있지만 여전히 경계를 늦추지 않고 부지런히 실적을 쌓아가고 있다. 궈타이가 7개 부문에서나 수상할 수 있었던 '내공'이 무엇이냐는 질문에 진쉬는 이렇게 말했다.

　"펀드업계는 하루가 다르게 확대되고 있습니다. 시장을 개척하지 않고 더 공격적으로 행동하지 않는다면 하루아침에 도태되고 말 것입니다. 모든 직원이 탁월함에 익숙해지도록 독려하고 있습니다. 맡은 바 임무에 최선을 다하고 부지런히 일한 직원들에게 노력에 상응하는 보상을 제공하는 방식은 궈타이가 지향하는 경영이념입니다."

　"우리는 모두 여러 번 반복된 행위를 통해 만들어진다. 그러므로 '탁월함'은 단일한 행위가 아니라 일종의 습관이다." 탁월함에 대한 아리스토텔레스의 명언이다. 다시 말해서 '탁월함'은 사람의 행위로 설명될 수 있는 것이 아니라 사람의 습관을 설명하는 데 사용해야 한다. '탁월함'에 익숙해지면 행동 하나하나, 말 한마디 한마디에 우아함이 고스란히 드러난다. 무의식적 혹은 의식적 행위인 디테일은 별도의 사고 과정 없이 자연스레 나타나는 것으로, 행위자의 습관을 가장 분명하게 담아내고 있기 때문이다. 행동이나 말투에서 나타나는 디테일을 통해 우리는 상대방이 얼마나 올바른 습관을 가지고 있는지 알 수 있다.

평소 학교를 자신의 집처럼 여기며 쾌적한 교내 학습 환경을 강조하는 '열혈교사'가 있었다. 그는 땅에 떨어진 휴지조각이나 사탕껍질도 자신이 직접 주워 쓰레기통에 버리곤 했다. 벽 귀퉁이에 거미줄이 쳐 있기라도 하면 수업이 없을 때 빗자루로 치우는 일도 했다.

아이들을 가르치는 일에서도 열심이었던 교사는 틈나는 대로 책상에 앉아 교육 관련 잡지를 살펴보거나 문학 잡지를 보며 자신의 실력을 쌓았다. "사람이 그저 능력과 기술적인 면에서 성장했다고 해서 일을 잘할 것이라고 생각해서는 안 됩니다. 살아가는 내내 노력하고 최선을 다해 능력을 키워야죠. 제대로 일해야 탁월한 능력도 발휘될 수 있으니까요. 그렇기 때문에 월등한 실력으로 주어진 일을 제대로 끝냈다면 자신의 일을 사랑하는 사람이라고 할 수 있습니다. 일을 사랑하는 사람은 항상 다른 사람보다 더 열심히 일하죠. 우리 모두 그런 사람이 돼야 합니다." 평소 이런 생각으로 자신의 일과 삶에 충실하던 교사는 동료 교사나 상사로부터 인정을 받고 남보다 더 많은 기회를 가질 수 있었다.

'탁월함'을 습관화해야 하는 이유는 준비된 자에게만 기회가 허락되기 때문이다. 탁월한 습관은 재능과 올바른 소질이 하나하나 쌓여 생겨나는 것으로, 일정 수준까지 '양적 성장'을 이루면 '질적 성장'으로 전환해 운명의 여신이 당신을 사랑하도록 만든다. 그렇게 되면 운이 따르지 않아도 자신의 목표를 제 힘만으로 온전히 이뤄낼 수 있다. 다시 말해서 탁월함을 습관화해야만 '순간의 유혹'에도 흔들리지 않는 온전한 탁월함으로 승화시킬 수 있다. 이런 경지에 도달할 수 있다면, 그 어떤 유혹에도 아랑곳하지 않고 자신과의 약속을 단단히 지켜 진정한 의미의 탁월한 사람이 될 수 있다.

좋은 습관은 좋은 결과를 가져온다. 또한 좋은 습관은 또 다른 좋은 습관을 낳는다. 반드시 고쳐야 할 습관이라면 확실하게 고쳐야 한다. 잘못된 습관의 폐해를 얕보지 말고 성장하는 과정에서 계속해서 바로잡아야 한다.

사람의 운명을 결정할 수 있다는 점에서 좋은 습관을 기르는 일은 무척이나 중요하다. 이런 사실을 상기하며 탁월함을 습관화해야 한다고 자신에게 분명하게 알려주자. 내게는 탁월한 세포 따위는 없다고, 혹은 '탁월함'을 어떻게 습관으로 만들 수 있냐고 회의적으로 생각하는 사람도 있다. 사실 인간은 장점과 단점을 동시에 모두 지니고 있다. 다만 중요한 것은 장점을 키우고 단점을 고쳐나갈 생각이 있는가, 쉬지 않고 자신의 부족한 점을 채워나갈 각오가 돼 있는가이다.

퇴근 후 사무실에 쓰레기가 남아 있다면 어떻게 하겠는가? 쓰레기가 제대로 치워지지 않은 것에 대한 책임은 없는가? 혹은 일부 동료들과 한담을 나누다가 불현듯 욕이 튀어나온 적 있는가? 그 목소리의 주인공이 당신은 아닌가? 동료들과 친하게 지내는가? 매일 정시에 주어진 일을 완수하는가?

습관의 힘은 위대하지만 습관 역시 고칠 수 있다. 매일 작은 일에서부터 좋은 습관을 기르도록 노력하라. 작은 것에서부터 하나씩 시작하다 보면 자신도 모르는 사이에 탁월함이 몸과 마음에 밸 것이다. 힘들다고 느껴도 잠시 버텨보자. 왜냐하면 당신은 원래 탁월함을 갈망하고 성공을 꿈꾸는 사람이기 때문이다.

완벽을 추구하는 데는
끝이 없다

"최고는 없다. 그저 더 나은 결과를 추구할 뿐이다"라는 말이 있다. 그렇다. 퍼펙트워크 역시 쉬지 않고 더 나은 결과를 추구하는 과정이다. 완벽을 추구하는 데는 끝이 없다. 어쩌면 당신은 지금 하고 있는 일에 안정감을 느끼며, 현재의 성과에 만족하며 살고 있을지도 모른다. 하지만 안정이나 만족이 끝이 아니다. 안정보다 안전한 것은 '완벽함'이고, 완벽함보다 뛰어난 것은 '탁월함'이다. 물론 세상에 완벽한 일이란 없다. 무슨 일을 하든 사소하게나마 실수를 저지르거나 결함을 발견할 수 있다. 그래서 더더욱 우리는 완벽을 추구해야 한다. 대수롭지 않다고 해서 우습게 여기다 중요한 순간에 '큰 코' 다칠 수 있다는 사실을 명심하라. 끊임없이 앞을 향해 나아가고 부지런히 노력하라. 이것이야말로 퍼펙트워크를 실천할 수 있는 '진리'다.

'평범함'과 '탁월함', '보통'과 '최고' 사이에는 하늘과 땅만큼 커다란 격차가 존재한다. 퍼펙트워크를 실천하고 비범한 재능을 갖추려면 무엇보다도 부지런히 완벽함을 좇는 정신이 필요하다. 지금의 성과에 만족하지 말고 더 나은 결과를 좇아야만 비로소 남들로부터 인정을 받을 수 있다.

미국의 34대 대통령 아이젠하워Dwight D. Eisenhower는 가장 전형적인 완벽주의자다. 남다른 예지력으로 똘똘 뭉친 이 사내는 부지런히 자신의 실력을 키우고 완벽을 추구함으로써 남들이 쉽게 놓칠 수 있는 디테일 하나도 쉽게 지나치는 법이 없었다. 그가 미국 최고 통수권자이자 최고 지도자로 우뚝 설 수 있었던 이유가 바로 여기에 있다.

미국의 유명한 웨스트포인트 사관학교를 졸업한 아이젠하워는 미국에서 군사훈련 관련 업무를 하다가 모두의 기대에 부응하듯 높은 인지도를 자랑하는 오성장군이 됐다. 미군 역사상 모두 열 명의 오성장군이 배출됐는데 그중에서도 아이젠하워는 상당히 특출

난 이력의 소유자라 할 수 있다. 그도 그럴 것이 아이젠하워는 여타 오성장군에 한참 못 미치는 집안 출신이었지만 가장 빨리 진급하고 가장 유망한 인물이라고 평가받았다. 미군을 이끌고 제2차 세계대전을 이끈 그는 북대서양조약기구NATO의 창설을 이끈 연합군 최고 통수권자이자, 퇴역 후 고위 장교로 콜롬비아대학교Columbia University 총장직에 오른 최초의 인물이며, 미국 대통령 자리에 오른 유일한 오성장군이다.

맥아더 장군은 아이젠하워를 이렇게 회고했다. "나더러 뜨거운 학구열을 가진 사람 열 명을 추천해보라고 한다면 한 사람 이름 아래 나머지 아홉 명의 이름을 적으면 됩니다. 가장 먼저 명단에 이름을 올릴 사람은 바로 아이젠하워입니다."

퍼펙트워크는 뜬구름도, 무지개 저 너머에 있는 아련한 꿈노 아니다. 일류 상품과 서비스를 제공하고 싶다는 '희망 사항을 담은 구호'를 회사 알림판이나 광고 문구에 게재한다고 해서 능사가 아니다. 작은 일에서부터 고객의 니즈를 파악하며, 디테일하게 생각하고 행동해야 한다. 고객의 니즈를 기업 경영의 '나침반'으로 삼아라. 그리고 '당신이 상상하지 못한 것 중에 우리가 해내지 못할 것은 없다'라고 고객에게 약속하는 것이다.

전 세계적으로 성공을 거둔 수많은 기업의 성공 노하우는 '완벽'을 추구하며 현실에 안주하지 않고 더 나은 미래를 꿈꿨다는 데 있다. 음식이 별로라는 승객의 의견에 에어프랑스는 고객의 입맛을 파악하고 승객들이 좋아하는 메뉴를 선보였으며, 호주의 한 공항에서는 대기하는 승객이 할 일이 없어 심심하다는 의견에 귀 기울여 로비에 대형 TV를 설치했다. 타이완의 한 자동차서비스 업체는 고장이 나서 도로 한가운데 서 있다는 고객의 연락에 사고 현장에 차 두 대를 보내 차량을 견인하고, 나머지 한 대로 고객을 목적지까지 안전하게 데려다 줬다.

이러한 완벽한 서비스는 고객에게 커다란 감동을 선사한다. 완벽을 지향하는 서비스를 통해 소비자는 기업의 진심과 노력을 느낄 수 있기 때문에 까다롭게 행동하지 않는다.

빌 게이츠는 직원을 채용할 때 자신만의 기준으로 완벽을 추구하는 인재를 선별하고, 퍼펙트워크를 실천하도록 격려함으로써 세계적인 IT 제국을 세웠다. 자신의 일에 강한 자부심을 가진 MS 직원들은 '우수함은 탁월함의 라이벌'이라는 것을 마음에 담아 쉬지 않고 노력한 끝에 눈부신 성적을 자랑하는 오늘날의 MS를 만들어냈다.

일을 완벽하게 해낼 수 있다면, 자신의 일을 차분히 되돌아볼 줄 안다면, 일의 진정한 즐거움이 무엇인지 알 수 있을 것이다. 일을 통해 진정한 즐거움을 얻는 것이야말로 진정한 의미의 성공이다. 성취감은 자신의 모든 재능이 최대한 발휘되도록 든든하게 뒷받침해준다.

완벽함을 추구하는 데 끝이란 없다. 퍼펙트워크는 부단한 노력을 통해 얻어지는 것이다. 항상 발전을 꿈꾸며 '더 높게, 더 빠르게, 더 뛰어나게' 되기를 열망하라. 완벽함에 대한 열망이 성공을 보장한다. 성공으로 향하는 그 걸음은 그 무엇도 막을 수 없다.

Perfect work

제6장

퍼펙트워크의 조직
Perfectwork's Organization

완벽을 지향하는 조직문화를 만들어라

화웨이 그룹 CEO 런정페이가 한 다음의 말을 주목해보라.

"세상은 계속해서 빠르게 변하고 있다.

이 세상에서 유일하게 변하지 않는 것이 있다면, 그것은 바로 '변화'일 것이다.

급변하는 환경 속에서 머뭇거리다가는 순식간에 바닥으로 내팽개쳐질 수 있다.

스스로 눈을 가리고 귀를 틀어막은 채 제자리걸음만 하다가는

바닥이 아니라 더 끔찍한 결과를 목격할 수도 있다.

살아남으려면 남보다 뛰어나야 한다. 남보다 뛰어나려면 먼저 자신을 뛰어넘어야 하고,

그러기 위해선 자신이 가진 잘못을 고쳐나가야 한다.

공자는 '세 사람이 길을 가면 그중에 반드시 내 스승이 있다'라고 했다.

진실한 마음으로 귀를 기울인다면 고칠 수 없는 잘못이란 없을 것이다."

과거와 현재를 부정할 때
더 나은 미래가 온다

치열한 시장환경 속에서
우리가 물리쳐야 할 대상은
시장이 아니라 바로 나 자신이다.

퍼펙트워크는 개개인의 일과 성장뿐만 아니라, 집단에게도 상당한 영향력을 발휘한다. 우수한 집단이라면 든든한 자기감시 및 조정 기제를 갖추고 퍼펙트워크를 지향하는 과정에서 자기비판을 통해 지속적으로 발전해야 한다.

마오쩌둥은 자기비판의 중요성을 이렇게 강조했다. "진지한 자아비판의 실천은 다른 정당과는 구분되는 우리만의 대표적인 특징 중 하나다."

선전에 본사를 두고 있는 화웨이는 통신 설비를 생산·판매하는 민간 IT기업으로, 세계 각국의 고객에게 네트워크 설비 및 서비스, 솔루션을 제공하고 있다. 화웨이는 독특한 기업문화로도 유명한데, 그중에서도 가장 대표적인 것이 바로 '매트리스 문화'다. 화웨이에서 근무하는 개발자들은 평소 책상 아래 매트리스를 넣어두었다가, 오후가 되면 매트리스를 펼쳐놓고 그 위에 누워 휴식을 취한다. 야근할 때면 매트리스에서 쪽잠을 청하며 잠깐 눈을 붙이기도 했다.

창립 때부터 지금의 영광을 차지하기까지 화웨이는 '매트리스 문화'로 대변되는 경영이념을 앞세우며 중국 시장에서 놀라운 성장세를 거듭하더니 급기야 중국을 대표하는 기업으로 우뚝 섰다. 화웨이 정신을 상징하는 '매트리스 문화'의 본질은 자신의 잠재력과 적극성을 최대치로 끌어올리도록 독려하는 데 있다.

이런 화웨이를 이끄는 CEO 런정페이는 '자기비판이 필요한 이유'라는 제목의 다음 글에서 화웨이의 비판정신에 대해 소개한 적이 있다.

회사를 사람에 비유하자면 화웨이는 혈기왕성한 청년이다. 청년 특유의 활력과 열정이 넘치지만 동시에 풋내 나는 치기와 오만함이 존재하기 때문에 '야생마' 같은 화웨이를 '길들이기'란 결코 쉽지 않았다. 이러한 상황을 고려할 때 끊임없이 자신을 되돌아보고 문제를 찾아내는 작업이 수반돼야 한다. 그래야만 짧은 시간 안에 최대한 성숙한 문화로 성장할 수 있기 때문이다. 비판을 위한 비판이나 무조건 기존의 것을 부정하기 위한 비판은 잘못된 것이다. 반드시 최적화와 건설적 성장을 위한 비판이 이뤄져야 기업 전체의 핵심 경쟁력 향상이라는 궁극적인 목표가 달성될 수 있다.

현재 화웨이가 속해 있는 IT 업계는 다른 업종과는 비교도 안 될 정도로 빠르게 변하고 있다. 이 세상에서 유일하게 변하지 않는 것이 있다면 그것은 바로 '변화'일 것이다. 급변하는 기업 환경 속에서 머뭇거리다가는 순식간에 바닥으로 내팽겨질 수 있다. 스스로 눈을 가리고 귀를 틀어막은 채 자기비판을 외면한다면 제자리걸음만 하다가 바닥이 아니라 더 끔찍한 결과를 목격할 수도 있다. 체면 때문에 좌절하고 생사의 갈림길에 설 것인가? 아니면 체면을 버리고 잘못을 고친 뒤 당당하게 고개를 들고 앞으로 나아갈 것인가?

살아남으려면 남보다 뛰어나야 한다. 남보다 뛰어나려면 먼저 자신을 뛰어넘어야 하고, 그러기 위해선 자신이 가진 잘못을 당장 고쳐나가야 한다. 잘못을 고치려면 먼저 용감하게 자신을 비판할 줄 알아야 한다. 공자는 '세 사람이 길을 가면 그중에 반드시 내 스승이 있다'라고 했다. 그렇다면 그 세 사람은 과연 누구일까? 한 명은 반드시 쓰러뜨려야 할 경쟁자이고, 또 한 명은 본사의 제품을 과감하게 비판할 줄 아는 고객이다. 당신이 좀 더 겸손한 사람이라면 나머지 한 사

람으로 용감하게 직언할 줄 아는 부하 직원, 진심 어린 비판을 할 줄
아는 동료, 엄격한 일처리를 주문하는 상사를 얻게 될 것이다. 진실
한 마음으로 이들의 이야기에 귀를 기울인다면 고칠 수 없는 잘못이
란 없을 것이다.

런정페이의 글에서 화웨이의 눈부신 성장은 경영진이 끊임없이 과
거를 부정하고 자신을 비판함으로써 얻은 값진 결과라는 사실을 발
견할 수 있다. 제아무리 뛰어난 능력의 소유자로 구성된 경영진이라
고 해도 언젠가는 개인적인 능력 혹은 책임감의 한계에 직면할 수 있
다고 런정페이는 생각했다. 그래서 자신의 한계나 문제를 인정하고
이를 바로잡을 수 있도록 부지런히 반성하고 비판하는 자세가 반드
시 필요하다고 강조했다.

누구나 능력의 한계나 혹은 매너리즘에 부딪힐 수 있다. 자신 앞에
드리워진 한계를 뛰어넘기 위해서는 지금의 자신을 부정하고 새로이
도전해야 한다. 껍질을 벗을 때마다 몸집이 커지는 뱀처럼 자신을 에
워싼 한계를 깰 때마다 더 크게 성장할 수 있다. 물론 그 과정은 무척
이나 괴롭고 위험하기까지 하지만 말이다. 런정페이는 '화웨이의 겨
울'이라는 글에서 이렇게 고백했다.

화웨이가 상호비판이 아니라 자기비판을 강조하는 까닭은 비판이

라는 행위가 상당히 '까다로운' 작업이기 때문이다. 상대방을 향한 비판은 그 강도가 셀 경우 쉽게 집단 내 갈등을 유발할 수 있다. 나 자신을 비판하는 행위가 쉽다는 것은 아니다. 대부분의 사람은 자신에게는 유독 너그럽기 때문에 자기비판은 더욱 어렵기도 하다. …… 자기비판은 단순히 개인에게만 필요한 게 아니다. 조직 역시 자신을 돌아보고 객관적으로 비판할 줄 알아야 한다. 자기비판을 통해 각 부서 책임자는 실적이나 현황을 돌아보고 점진적으로 전문화를 추구함으로써 세계화에 나서야 한다. 여기서 한 가지 중요한 점은 자기비판에 대한 기업의 시각이다. 기업은 자기비판을 기업 구성원의 능력 계발을 위한 효과적인 수단으로 활용할 수 있다는 점을 인지하고, 기업 구성원에게 자기비판이라는 '무기'를 제대로 다루지 못할 경우 승진 대상에서 제외될 수 있다고 '경고'해야 한다. …… 그렇다면 누구부터 자기비판을 해야 할까? 첫 후보는 기업을 이끄는 경영진이다. 기업을 경영하는 경영자나 임원은 매년 민주적인 분위기의 '반성회'를 개최해 기업 전반에 걸쳐 자신의 잘못을 되돌아보는 분위기를 조성해야 한다. 반성회에서 오가는 이야기 중에는 다소 민감한 내용이 등장하기도 한다. 건설적 발전을 위한 반성이긴 하지만 '수위' 조절이 어렵기 때문에 간혹 낯을 붉히는 일도 일어난다. 그 모습에 기업 내 경쟁이 지나치게 과열됐다는 지적이 나올 수도 있겠지만 설전이 오가는 반성회가 끝난 후에는 다시 손을 잡고 외부의 적과 싸우지 않던가?

런정페이는 자기비판을 자신에 대한 부정, 심지어 과거 성공했던 경험을 비판하는 것이라고 생각했다. 하지만 이런 경지에 도달하기가 쉽지 않다는 현실성을 감안해 그는 한 가지 아이디어를 제시했다. 즉, 각급 부서에 '자기비판의 확대 및 평가 시스템'을 세우도록 규정하고, 이러한 경영원칙을 받아들이지 못한 직원에게 인사상 페널티를 주도록 했다. 입사한 지 2년이 지나도록 '자기비판'이라는 방식을 이해하지 못하고 활용하지 못한 직원은 상대적으로 불이익을 당할 수밖에 없다는 뜻이다.

화웨이의 이러한 인사 규정을 두고 많은 이들이 인정머리가 없다는 둥, 지나치게 강압적이라는 둥 부정적으로 평가하기도 했다. 하지만 이러한 강경책이야말로 개인의 성장은 물론 기업 내 활력을 불어넣고, 경쟁력을 끌어올리기 위한 최선책이라 할 수 있다. 우리는 화웨이의 경영방식에 주목해볼 필요가 있다. 그동안 수많은 중국 기업은 남에게는 엄하지만 자신에게는 유독 너그러운 이중 잣대로 기업을 운영했으며, 실리보다는 체면을 강조했다. 기업 내부적으로도 이러한 분위기가 확산돼 귀에 거슬리는 소리를 하지도, 듣지도 않으려고 스스로 '귀'와 '입'을 틀어막았다. 사회적 변화에 등 돌린 채 자신만의 공간에서 안주하다 보니 세계적인 경쟁력을 확보하는 데도 실패했다. 하지만 화웨이는 조직적인 수단을 통해 사내 자기비판에 대한 '진입 장벽'을 낮추고, 이를 바탕으로 조직 개편 및 최적화를 실시했다. 오랜 시간에 걸쳐 꾸준히 진행된 자기비판을 통해 화웨이는 업계 1위로 우뚝 섰을 뿐만 아니라 세계 시장에 진출해 세계적인 기업과 당당히 어깨를 나란히 하고 있다.

성공한 사람은 즉각적으로 자신의 잘못을 반성하고 자신을 비판할 줄 안다. 비판이야말로 인간의 발전을 위한 기본적인 '원동력'이기 때문이다. 일찍이 공자는 "자신을 엄하게 꾸짖고 남의 잘못을 크게 들추지 않으면 원망이 멀어질 것이다"라고 했다. 자신을 많이 비판하고 다른 사람을 책망하지 않는 사람은 남들로부터 원망을 사지 않는다는 뜻이다.

봉황에게 열반이라는 과정이 없었다면 더 아름답고 강하게 성장하지 못했을 것이다. 우리 역시 마찬가지다. 지금의 자신을 뛰어넘지 못하면 제자리걸음만 하다 결국 도태되고 말 것이다. 치열한 시장 환경 속에서 우리가 물리쳐야 할 대상은 시장이 아니라 바로 나 자신이다. 자신을 뛰어넘을 수 있는 사람만이 제대로 발전할 수 있고, 끝없이 자신의 한계에 도전하는 집단만이 오랫동안 살아남을 수 있다. 또한 자기비판과 자기조절 시스템을 구비한 기업만이 오랫동안 시장에서 고객으로부터 사랑받을 수 있다.

물론 이를 실제 행동으로 옮기기란 개인 혹은 기업에게 그리 쉬운 일이 아니다. 자신을 뛰어넘으라는 것은 일반적으로 '과거의 나' 혹은 '과거의 나에 속하는 일부분'을 비판하고 부정하는 고통스러운 행위

이기 때문이다. 그래서 과감한 용기와 인내심, 그리고 결단력이 무엇보다 필요하다.

비판을 통한 성장은 자신을 되돌아볼 줄 아는 철학적 혜안이 필요한 정신적 행위다. 퍼펙트워크는 이처럼 자신을 되돌아보고 비판하며 그 속에서 성장을 꾀하는 일련의 과정이다. 우리는 용감하게 자신을 비판함으로써 혁신을 이뤄낸 화웨이의 정신, 치열하게 나 자신과 승부를 벌이는 화웨이의 용기를 배울 필요가 있다.

직원의 수를 키울 게 아니라 능력을 키워라

모든 집단에서 머릿수는 중요하다.
하지만 그보다 더 중요한 것은
개개인의 집중력에서 나온 집단의 전략이다.

업무 처리에 들어가는 비용 역시 퍼펙트워크의 '심사 대상'에 속한다. 작업 담당자의 질보다 양을 강조하는 생산 방식은 전체적인 업무 효율을 저하시킨다. 따라서 완벽을 지향하는 집단이라면 작업자의 머릿수가 아니라 능력을 강조하는 엘리트 집단으로 발전해야 하며, 단순히 생산액이 아니라 이윤율을 평가의 기준으로 삼아야 한다.

고대 중국의 유명한 병법가 손자는 "군대의 강함은 병사의 수가 아니라 힘에 있으며, 장수의 능력은 용맹함이 아니라 뛰어난 전략에 있다"라는 명언을 남겼다. 비록 물리적인 충돌은 없어도 치열하기로는 전쟁 못지않은 현대 기업 생태계에서도 그의 명언은 여전히 유효하다. 물론 여기서 대상은 병사나 장수가 아니라 기업의 구성원이다. 손자의 주장은 '2080법칙'과 무척 비슷하다. '파레토의 법칙Pareto's law'이라고도 불리는 2080법칙은 19세기 말, 20세기 초 이탈리아의 경제학자 파레토가 발견한 학설로, 모든 사물에서 가장 핵심이 되는 부분은 약 20퍼센트에 불과하다는 것이다. 20퍼센트라는 수치는 비록 전체 중에 차지하는 비중이 일부에 불과하지만 전체를 이끄는 핵심이 되고, 80퍼센트는 '덩치'에 비해 크게 주목받지 못한다.

2080법칙을 통계학상 다소 모호한 데이터라고 치부할 수도 있겠지만 기업 경영 및 일처리 방식에 대한 연구 분야에서는 상당히 중요한 이론으로 평가받고 있다. 그도 그럴 것이 사회의 불공정한 시스템 역시 이 법칙을 따르고 있다. 이를테면 부의 분배, 업무 부담, 심지어 인재의 활용에 이르기까지 모두 2080법칙이 적용된다. 기업이 창출하는 이윤 중 80퍼센트는 기업 내 20퍼센트에 해당하는 사람들의 손을 통해 창출된다. 퍼펙트워크의 역할은 바로 집단 내 20퍼센트의 비중을 최대한 확대시키는 데 있다. 2080법칙을 완전히 깨지는 못하더라도 전체 중 20퍼센트의 비중을 최대한 높이는 데 일조하도록 하는 것이다.

퍼펙트워크를 집단에 도입할 때 가장 중요한 점은 높은 효율을 자랑하는 엘리트 집단을 조직하는 것이다. 아울러 기업 내부적으로 학습·성장·경쟁 시스템을 구축해 평범한 직원도 새로운 엘리트가 될 수 있도록 독려해야 한다.

장쑤江蘇에 본사를 두고 있는 아오양순창澳洋順昌은 최강의 엘리트 집단을 보유하고 있는 것으로 유명하다. 광둥廣東 둥관東莞에서 한국 업체와의 합자를 통해 세워진 아오양순창의 직원 수는 겨우 100여 명에 불과하지만 한 해 매출액이 약 4억 위안(약 7000억 원)에 달한다. 쉽게 말해서 1인당 생산액이 400만 위안을 넘는다. 아오양순창이 이처럼 높은 이윤율을 기록할 수 있었던 것은 회사 내부적으로 직원들의 능력 계발을 상당히 강조했기 때문이다. 실제로 회사에서는 '효과적인 소통과 실천력'을 강조한 위스웨이余世維, '기업의 전략적 경영과 기획'을 주장한 랑셴핑郎咸平 등 유명한 경영학 내사를 초빙헤 전사적으로 학습 분위기를 조성하며 직원들에게 능력을 계발할 수 있는 기회를 제공했다. 아울러 '승부는 중간 관리진에 달렸다', '현장 경영 및 경영 예술' 등 최신 경영학 강좌를 열고 상하 조직 간의 대화 창구를 개설함으로써 상대방의 입장을 경청하고 미처 알지 못한 지식을 습득토록 했다.

그 밖에도 아오양순창은 난통南通 직업섬유대학교와의 협력을 통해 공장 내 생산 작업자의 업무를 평가하기 위한 작업에 박차를 가하고, 작업자의 능력 계발을 위한 대응책을 강구하기도 했다. 또한 대규모 자본 투입을 통해 디테일하면서도 객관적인 평가기준을 마련하고 능력별 기술 강좌 및 승진 시스템을 구축해 직원들의 전체적인 능력 계발을 독려했다. 다양한 학습 창구를 통해 회사에서는 현장 작업자에게도 회사에 협력해야 하는 분명한 이유를 제시했다. 그 외에도 재무, 영업, 생산 분야 종사자의 요청에 따라 최신 세법 실무 학습, 올바른 계약 체결 및 비즈니스 에티켓, 쾌적한 업무 환경 관리 등 다양한 프로그램을 신설하고 관련 전문가를 배치함으로써, 회사 내부 자원을 충분히 활용하고 올바른 학습 분위기를 조성했다. 이처럼 아오양순창은 여러 가지 방법을 동원해 배움에 대한 작업자의 다양한 니즈를 만족시키는 데 최선을 다했다.

완벽을 추구하는 집단이라면 '일당백'이라는 용인술의 법칙을 유념해야 한다. 종류를 막론하고 모든 집단에서 작업자의 '머릿수'는 중요하다. 하지만 이보다 더 중요한 것은 집단을 구성하는 개개인의 능력치, 집중력에서 나온 집단의 전략이다. 효과적으로 협력 시스템을 구축할 수 있다면 작업자의 수가 적다고 해도 크게 문제될 것이 없다.

삼국시대에 천하를 차지한 위魏·촉蜀·오吳는 자신만의 엘리트 집단을 보유했다. 유비가 이끄는 촉한 그룹에는 관우, 장비, 제갈량, 조운 등이 포진하고 있었고, 유비에 맞서는 조조의 위촉 그룹에는 곽가, 허유를 비롯한 문신과 전위, 장료, 우금, 조홍, 조인, 하후연, 하후돈 등의 무신이 있었다. 마지막으로 손권의 동오그룹에는 주유, 황개, 육손, 장소 등이 활약했다.

마찬가지로, 완벽을 추구하는 집단에는 퍼펙트워크를 궁극적인 목표로 삼고 있는 '엘리트 그룹'이 필요하다. 뛰어난 효율을 자랑하는 이들이 없다면, 모래 위에 지어진 성처럼 제대로 된 저항 한번 못하고 순식간에 무너져 내릴 수 있다.

전국시대 초기에 활약한 병법가 오기吳起는 적의 허점을 찌르는 전략을 잘 구사하기로 유명했다. 이처럼 용병술에 능했던 오기지만 지나치게 명예를 좇는 바람에 노나라에서 대승을 거둔 뒤 여러 대신들로부터 질투를 사고 말았다. 상황이 여의치 않아 전전긍긍하던 오기는 위나라 문후文侯의 인물됨과 현명함을 듣고 그에게 몸을 의탁하려 했다. 오기의 투항 문제에 대해 자신의 의견을 묻는 문후에게 이회李悝는 오기의 장단점을 들려줬다.

"오기는 탐욕스럽고 여색을 밝히는 자이나 용병술에 뛰어난 제나라 명장 사마양저司馬穰苴조차 감히 덤비지 못한다고 합니다."

그 말에 문후는 오기를 장수로 임명하고 그에게 진나라를 공격하라는 명을 내렸다. 오기는 보답이라도 하듯 한 번에 성 다섯 채를 정복했다. 전투에서 오기는 일반 병사들과 똑같은 옷을 입고 같은 솥에서 만든 음식을 먹었다. 병사들 중에는 열대 밀림 속에서 독충에 물려 고생하고 있는 이가 적지 않았는데 오기는 피고름이 끓는 병사들의 상처에 입을 대고 직접 독을 빨기도 했다. 자신들을 피붙이처럼 챙기는 오기의 모습에 감동한 병사들은 그를 위해서라면 죽다 싸워도 여한이 없다며 뜨거운 눈물을 쏟아냈다. 병사들로부터 존경을 받은 오기의 모습에 문후는 그를 서하군수西河郡守로 임명해 적국에 맞서도록 했다. 76번의 전투에서 오기는 무려 64번이나 대승을 거두며 문후의 이름을 천리 밖까지 널리 알리는 데 공헌했다.

유능한 군사가라면 방대한 규모의 군대를 일사불란하게 지휘해야 하는 것처럼 완벽을 지향하는 집단 역시 재능을 갖춘 인재를 발굴할 줄 알아야 한다.

이 문제를 해결하기 위해 많은 기업에서는 '인재 DB'같은 방식을 통해 다양한 인적 자원에 관한 정보를 보관해둔다. 특정 프로젝트가 시작되면 임시로 프로젝트 팀을 구성한 뒤 인재 DB에서 인원을 선발했다가 프로젝트가 끝나면 이들을 다시 인재 DB에 돌려보내 관련 강좌를 수강하게 하거나 내부 프로젝트 개발 작업에 투입시키기도 한다. 하지만 이런 방식에는 한 가지 단점이 존재한다. 임시로 조직된 집단은 종종 집단 구성원 간의 팀워크가 부족하기 때문에 커뮤니케이션이 원활하게 이뤄지지 않아 일처리 과정에서 '각개전투'를 벌일 수 있다.

완벽을 지향하는 집단은 '협력'을 추구해야 한다. 집단 내 모든 구성원이 맡은 바 최선을 다하고 힘을 모아야만 인력 자원의 낭비를 막을 수 있다. 이상적인 집단은 양이 아니라 월등한 능력을 보유한 구성원의 질에 달려 있다.

집단 내 구성원 사이의 상호이해가 중요하다. 다른 사람의 재능이 무엇인지, 성격은 어떠한지, 어떤 개성을 가지고 있으며 장단점은 무엇인지 등의 관심이 필요하다. 상대방의 장단점이나 성격을 잘 알고 있으면 어떤 자리에 어울리는 인물인지, 어떤 자리에서 최대한의 효율을 보여줄 수 있을지 최적의 선택이 가능하기 때문이다. 또한 노력을 통한 성과를 최대한 본인에게 돌려줌으로써 최고의 가치를 이끌어내도록 유도할 수 있다.

최고의 마케팅은
제품에서부터 시작된다

널리 알리는 데 가장 확실한 마케팅은 '입소문'이다.
그러나 기억해야 할 중요한 사실은
입소문이 나려면 그만큼 품질이 뛰어나야 한다는 점이다.

더성德勝 건설사는 1992년 창립 이후 미국식 목조 별장 건축 분야에서 눈부신 성과를 올리고 있는 업체로 1000명도 안 되는 직원이 연매출 4~5억 위안을 올리고 있는 것으로 유명하다. 이러한 성과에 힘입어 더성건설사는 중국 목조 별장 시장에서 무려 70퍼센트 이상의 시장 점유율을 차지하고 있다. '작은 고추가 맵다'는 특징 외에 한 가지 특이한 사실은 더성에서는 마케팅 비용이 별도로 지급되지 않으며 영업사원이 단 한 명에 불과하다는 사실이다.

영업사원 혼자서, 그것도 마케팅 비용의 '지원' 없이 어떻게 시장에서 두각을 드러낼 수 있느냐며 이 이야기를 믿지 못하는 이들도 있으리라. 하지만 실제로 더성은 현재 중국 시장에서 눈부신 활약상을 보여주고 있으며, 앞서 이야기한 것처럼 상당한 매출을 올렸다.

더성에는 한 가지 특이한 규정이 있다. 본사 직원은 공급업체나 고객으로부터 20개비 이상의 담배, 100그램 이상 되는 주류품, 20위안(약 3500원) 이상 되는 활동비를 받아서는 안 된다. 이를 위반한 직원은 불법수입을 받았다고 간주해 사실 확인을 통해 즉각 해고된다. 더성과 거래하는 공급업체나 고객은 첫 미팅에서 '리베이트 금지 동의서'에 서명해야 한다. 그뿐만 아니라 더성의 인력관리팀은 공급업체와 고객에게 '부패방지 서한 및 부패방지 리스트'를 송부하고, 6개월에 한 번씩 준수 여부를 확인한다. 게다가 그중 10퍼센트에 해당하는 공급업체에는 정기적으로 사람을 보내 자사 영업팀의 남낭사에 대한 평가를 요청한다.

철저하게 뇌물을 배척하는 더성의 원칙은 여타 기업과는 확연히 구분된다. 대부분의 사람들은 까다로운 내부 방침 때문에 더성의 영업 활동이 크게 위축돼 계약을 따내기 어려울 것이라고 예상했지만 더성은 70퍼센트 이상의 시장점유율을 자랑하고 있다. 도대체 그 비결은 무엇일까?

'입소문 마케팅'이 바로 그 답이다. 알다시피 입소문을 타려면 창의적이고 독특한 마케팅 전략이 필요한데, 그보다 더 중요한 것은 입소문이 날 만큼 상품의 품질이 뛰어나야 한다는 것이다. 특히 마케팅 비용을 전혀 지원하지 않는 업체라면 소비자 스스로 입소문을 낼 만큼 여타 업체의 상품보다도 월등히 뛰어난 품질의 상품을 선보여야 한다.

더성을 자세히 살펴보다 보면 그들이야말로 퍼펙트워크를 철저하게 실천하는 업체라는 사실을 발견할 수 있다. 특히 더성의 시공 기준은 상당히 까다롭기로 유명한데, 일례로 건축 현장에서 일하는 모든 작업자는 80페이지나 되는 책자를 들고 다닌다. 이 책자는 지반 다지기부터 기본 뼈대 세우기, 본체 구조, 인테리어, 수도 및 전기 공사, 가스관 설치, 도장 등 다섯 분야에 관해 상당히 구체적인 작업 규정을 담고 있다. 그뿐만 아니라 현장에서 일하는 직원들은 오랫동안 체계적인 훈련을 받고 시험에서 통과된 작업자로만 구성된다.

더성에서 지은 건물을 심사하는 과정에서, 많은 고객이 꼼꼼한 일처리에 혀를 내두르곤 한다. 이를테면 건물에 들어간 나사못은 시공 후 무늬가 'ｘ'가 아니라 반드시 '+'자를 하고 있어야 한다. 콘센트에 들어간 '－'자형 나사 역시 '－'자 무늬가 삐뚤빼뚤 하지 않고 반드시 가지런하게 '－'자형을 하고 있어야 한다. 시공 현장에서는 전문 관리인이 항상 현장을 살펴보며 문제가 발견되면 즉시 시정토록 했다.

그 밖에도 더성은 자사에서 지은 건물에서 발생하는 모든 문제를 반드시 24시간 안에 해결하겠다고 고객에게 약속한다. 이를 위해, 더성의 자재 창고는 청소 도구나 싱크대 등을 비롯한 대규모 자재로 가득했고, '근거리 원칙'에 따라 모든 공사 작업을 회사가 선정한 5대 지역상하이, 베이징, 난징, 항저우, 청두 500킬로미터 내에서 진행함으로써 실시간으로 문제를 해결했다.

지금은 이렇게 깐깐하기로 유명하지만 사실 더성은 잦은 실수와 문제로 한때 존폐의 위기에 처한 적도 있었다. 시장의 성장세가 점쳐지는 가운데 건축시장 전반에 걸쳐 대대적인 '몸집 불리기' 현상이 일어나면서 이에 뒤질세라 규모 확장을 나선 더성은 한 번에 800여 명의 건설인부를 고용하며 공격적인 기업 운영에 나섰다. 하지만 인원관리가 제대로 이뤄지지 않아 시공 과정에서 많은 문제가 발생했다. 설상가상 애프터서비스 역시 제대로 이뤄지지 않아 고객들로부터 항의도 빗발쳤다. 이러한 사실을 알게 된 경영진은 즉각적으로 대대적인 감원 정책을 실시하는 동시에 능력 계발 전략을 추진했다. 아래 이야기에서 품질 경영을 강조하는 더성의 노력을 더 살펴보자.

한참 작업 중인 건설 현장에 신규 건축 자재가 들어왔다. 해당 자재는 회사 관계자가 샘플 심사 후 품질에 문제가 없다는 것을 확인하고 정식 계약을 통해 구입한 것이었다. 하지만 현장 감독관 야오바이링姚百靈은 자재를 검사하던 중 일부 자재의 품질이 기준 미달이라는 사실을 발견하고는 반품해야 하니 하역하지 말라는 지시를 내렸다. 이 소식을 듣고 달려온 현장 작업자는 시공 기한이 코앞이라 일정이 지연되면 납기를 맞출 수 없다며 '꼼수'를 내놨다. 즉 자재가 다시 들어올 때까지 현장에서 필요한 분량의 자재만 먼저 하역해 작업하자는 것이었다. 그렇게 되면 자재가 들어올 때까지 멍하니 손 놓고 기다릴 일은 없으니 작업 일정에 크게 문제될 것이 없다는 것이다. 그리고 나머지 자재는 납품업체에 보낸 뒤 사람을 보내 재심사를 하자고 건의했다. 그러나 야오바이링은 단호히 고개를 내저었다. 현장 작업자는 답답하다며 소리를 질렀고, 얼굴을 붉힐 정도로 두 사람은 충돌했지만 작업 현장에서는 끝내 문제의 자재를 사용하지 않았다.

더성의 총감독관 니에성저聶聖哲는 이 이야기를 들은 후 야오바이링을 높이 평가했다. 총감독관답게 니에성저는 야오바이링에게 100위안의 포상금을 내렸다. 그 모습은 마치 '흠차대신欽差大臣'이 보내는 '성지聖旨'같았다. 현장 직원이 모두 모인 가운데 '흠차대신'은 야오바이링의 공로를 치하한다는 내용을 전달한 후 그 자리에서 포상금을 지급했다.

자그마한 실수도 용납하지 않는 원칙으로 더성에서 지은 건물은 여타 업체보다 확실한 품질을 자랑하며 금세 입소문을 타기 시작했다. 더성의 기업문화를 경험한 사람들은 너 나 할 것 없이 호평을 내놨고 이에 힘입어 더성은 일부러 공격적인 마케팅에 나서지 않을 정

도로 매년 수많은 계약을 따냈다. 이런 이유 때문에 더성에는 영업사
원이 한 명만 남게 된 것이다.

더성 직원이 철두철미하게 퍼펙트워크를 추구할 수 있었던 정신은
이를 뒷받침해줄 만한 원칙이 있었기에 가능했다. 더성의 원칙은 '성
실해라, 사랑해라, 요행을 기대하지 마라'로 정의되는데, 더성은 이
를 정확하고, 손쉽게 실천했다.

앞에서도 밝혔듯 가장 효과적인 마케팅은 '입소문'이지만 실제로
입소문 마케팅이 실효를 거두기란 그리 녹록치 않다. 왜냐하면 입소
문 마케팅은 해당 업체의 철저한 일처리를 통해서만 가능하기 때문
이다. 마케팅 관련 종사자들의 이야기에 따르면 입소문 마케팅은 '바
이러스 마케팅'이라고도 불리는데, 확산되는 방식이나 영향력이 상
당히 빠르고 폭발적으로 전개되기 때문에 붙여진 이름이다. 많은 기
업 역시 입소문을 탄 상품이 괄목할 만한 가치를 창출한다는 것을 실
제 사례를 통해 잘 알고 있다.

소비자의 입소문에 영향을 주는 것은 때로는 상품 본체만이 아니
라 평소 사람들이 쉽게 지나치는 작은 것에서 비롯되는 경우가 있다.
이를테면 양복에 달린 단추, 가전제품의 버튼, 애프터서비스 등이 그
러하다. 쉽게 지나칠 수 있는 실수나 잘못이 소비자의 반감을 살 수
있다. 제아무리 높은 인지도를 자랑하는 기업이라고 하더라도 고객

의 불만이나 의견에 귀 기울이지 않아 문제를 신속하게, 그리고 철저하게 수정하지 못한다면 결국 판매량 감소 같은 결과에 직면할 수 있을 것이다. 이보다 더 심각한 문제는 판매량이 감소하게 된 궁극적인 원인이 무엇인지 제대로 파악하지 못한다는 데 있다. 한 전문적인 시장 연구 업체의 조사 결과에 따르면 제품에 문제가 발견됐을 경우 전체 소비자 중 4퍼센트만이 업체에 항의하고, 약 80퍼센트의 고객은 업체에 항의하지 않지만 친구나 주변 지인에게 자신의 불쾌한 경험을 들려준다고 한다.

그런 점을 감안할 때 오랫동안 시장에서 살아남고 고객으로부터 사랑을 받으려면 퍼펙트워크에 보다 집중하고 품질 향상을 꾀해야 한다. 그렇지 않고 디테일을 무시한다면 소비자에게 씻기 어려운 상처를 주고 소중한 고객을 영원히 잃을 수 있다.

입소문 마케팅에 관한 감동적인 이야기로 하이얼의 사례를 하나 덧붙여보겠다.

칭다오에 있는 하이얼 본사는 어느 날 푸저우福州에 있는 고객으로부터 보름 안에 냉장고를 고칠 수 있게 수리 기사를 보내달라는 전화 요청을 받았다. 다음날 고객은 집 대문 앞에서 수리 기사를 발견하고는 깜짝 놀랐다. 밤새도록 비행기를 타고 푸저우에 도착했다는 수리 기사의 이야기에 크게 감동한 고객은 고객 후기에 이런 메시지를 남

겼다. '내가 알고 있는 모든 사람에게 하이얼 냉장고를 샀다고 이야기할 겁니다.'

비행기를 타고 가서 냉장고를 고쳤다는 이야기를 단순히 효율이라는 면에서 보자면 이득이 될 것이 전혀 없다. 왕복 교통비는 냉장고 가격과 별 차이가 없거나 어쩌면 더 비쌀지도 모른다. 하지만 기업 이미지라는 점에서 볼 때, 수리 기사의 행동은 하이얼에 관한 좋은 입소문을 내는 데 큰 역할을 했으며 잠재고객을 확보하는 데 큰 공로를 했다.

입소문 마케팅은 다양한 방식으로 존재한다. 사회 공익활동, 한정판매 등을 통해 대규모 자금을 투입해 집중적으로 제품 광고를 내보내기도 한다. 이러한 방식도 단기적으로는 상당한 효과를 거둘 수 있을 것이다. 하지만 장기적으로 입소문을 타기 위해서는 '기초 직업'이 세심하게 진행돼야 한다. 그리고 그 밑바탕에는 퍼펙트워크를 향한 원칙이 자리잡고 있어야 한다. 그렇게 해야만 상품과 서비스 품질을 통한 입소문이 눈덩이 구르듯 시간이 지날수록 커져 오랫동안 고객으로부터 믿음과 신뢰를 받을 수 있다.

구성원 모두가
함께 지켜나가라

완벽에 가까운 경영,
최고의 품질을 위한 경영은
회사 전체가 하나 된 정신과 하나 된 의지를 필요로 한다.

그리스어의 'σ'에서 기원한 'Sigma'는 품질을 표시하는 일종의 통계적 척도다. 이를테면 '6Sigma'는 '100만 번의 기회 중 3, 4번 실수를 저지를 가능성DPMO: Defect per Million Opportunitiesd', 즉 합격률 99.99966퍼센트를 가리킨다. '식스시그마6Sigma'는 여기에서 착안된 것으로, 데이터를 기반으로 완벽에 가까운 품질을 추구하는 경영전략을 가리킨다. '식스시그마 관리법'의 핵심은 계량화 방식을 통해 업무 프로세스에서 품질에 영향을 주는 요소를 분석한 뒤 개선 가능한 문제를 찾아내 고객만족도를 높이는 데 있다.

　GE의 전 CEO 잭 웰치는 1996년 연례회의에서 최초로 식스시그마를 소개했고, GE는 세계 최고의 상품 및 서비스를 제공하는 전자 업체로 발돋움하는 데 성공했다. 미국의 유명한 전기 작가 자넷 로우Janet Lowe와의 인터뷰에서 잭 웰치는 이렇게 말했다. "품질이라는 글자를 놓고 봤을 때, 그것은 그저 대부분의 제품보다 조금 더 낫다는 데 그치는 것이 아니라 최고의 제품을 제공한다는 뜻으로 이해해야 합니다."

　1980년 대 초기 GE를 위협하던 경쟁사에 대해 잭 웰치는 이런 평가를 내렸다. "모토로라, HP, 텍사스 인스트루먼츠나 제록스는 우리에게 맞설 만한 충분한 자원이 없습니다. 그들의 경쟁력은 그들의 제품 품질을 보면 알 수 있습니다." 식스시그마의 전도사가 된 잭 웰치는 1996년 버지니아 샬롯트빌에서 열린 GE의 연례회의에서 다음과 같이 말했다.

　"높은 기술력을 요하는 품질경영이라는 막중한 임무가 우리에게 주어졌습니다. 임무 내용은 이렇습니다. 상품 제조나 서비스 분야의 결함률을 4퍼센트 이하로 끌어내림으로써 앞으로 4년 안에 GE의 생산방식을 '탁월한 수준'까지 끌어올려야 합니다. GE에게 이번 임무는 여태껏 겪어보지 못한 커다란 도전이 되겠지만 도전에 성공한다면 더 큰 성장 가능성을 확보하고 경쟁자를 물리칠 수 있는 최강의 무기를 지니게 될 것입니다. 낡은 품질경영 방침을 고수하고 있는 조직을 뒤집어야 합니다. 기존의 조직은 이미 '한물 간' 과거의 존재이기 때문입니다. 현대의 품질 관리는 생산 작업자에게만 해당되는 문제가 아닙니다. 경영자, 경영진, 일반 직원에게 모두 해당되는 문제입니다. 다시 말해서 품질 관리는 모든 기업 구성원이 수행해야 할 과제입니다. …… 우리는 우리의 경쟁력을 변화시켜야 합니다. 이를 위해선 자사의 품질을 전혀 새로운 단계로 끌어올리는 작업이 필요합니다. 자사에서 생산된 제품은 GE의 제품을 쓰는 소비자가 자신을 특별한 존재라고 느끼게 할 만큼 충분한 가치를 지니고 있을 정도로 개선돼야 합니다. 이렇게 해야만 GE는 소비자가 가장 가치 있다고 여기는 유일한 선택이 될 수 있습니다."

식스시그마를 추진한 후 GE는 금세 그 효과를 확인할 수 있었다. 1997년 비용 절약을 통해 약 3억 달러의 수익을 확보했고 1998년에는 무려 7억 5000만 달러의 지출을 줄였다. 1999년에도 20억 달러의 비용 감소 효과를 확인했다.

식스시그마가 GE에서 성공함으로써, 이는 1990년 대 중반부터 전사적 품질 관리에서 높은 효율을 자랑하는 기업 프로세스 설계, 기술 개선 및 최적화를 위한 효과적인 수단으로 변신했다. 또한 고객을 중심으로 하는 기업 전략 목표와 상품 개발 설계의 척도로 발전하며 지속적인 성장을 꾀하는 품질 관리의 철학으로 발전하기 시작했다.

결함을 결코 용납하지 않는다는 정신을 추구한다는 점에서 식스시그마 역시 퍼펙트워크를 뒷받침하는 이론 중 하나라고 볼 수 있다. 현실성을 고려해 수많은 우수한 경영자는 식스시그마를 현대 기업이 구현할 수 있는 '궁극의 경지'로 삼고 있다. '퍼펙트워크'든 '식스시그마'든 그 출발점은 결함을 없애고 고객의 니즈를 최대한 만족시켜주는 데 있다. 핵심은 철저한 고객지향주의, 탁월함의 추구다. 무슨 일을 하든 기업은 소비자로부터 인정을 받아야 시장점유율이나 고객점유율을 끌어올릴 수 있고 이윤 역시 계속해서 확대시킬 수 있다.

메이디Midea(중국의 대표적인 가전업체)는 2005년 식스시그마를 도입한 이후 수년 연속 가전 시장에서 화려한 성적을 올렸으며, 국제 시장에서 '저가, 저품질'로 대변되는 중국 제품의 이미지를 바로잡기 시작했다. 지속적인 시장 선도, 기업의 전체 경쟁력 향상 및 국제 무역 파트너 혹은 경쟁자와의 격차 감소 등에서 식스시그마는 메이디의 경영 업그레이드를 위한 필수 지침서가 됐다. 하지만 식스시그마는 설계, 생산 등 여러 부서의 협력을 통해서만 실천될 수 있는 방대한 규모의 작업이다. 이를 성공적으로 도입하려면 기업 규모 등 하드웨어적인 요소뿐만 아니라 기업의 최고 결정자와 생산 작업자에 이르기까지 회사 전체가 하나라는 단체정신과 결연한 의지가 필요하다. 바로 이러한 이유 때문에 기업이 식스시그마를 실천하기란 생각처럼 쉽지 않다.

현재 메이디는 계획에 따라 품질 관리를 위한 10대 블랙벨트Black Belt[17] 프로젝트를 조직하고 식스시그마 전문 관리 자격을 갖춘 프로젝트 매니저를 본격적으로 양성하고 있다. 메이디는 생산과 관련된 다양한 프로세스를 통해 상품의 지속적인 품질 개선을 실천함으로써 결함률을 '0'에 가깝게 끌어내리는 데 성공했다. 메이디에서 블랙벨트로 활약 중인 프로젝트 매니저는 기자와의 인터뷰에서 이렇게 소감을 피력했다. "무슨 일을 하던 항상 처음부터 제대로 해내야 합니다. 사후에 진행되는 추가 대책이나 보완책은 자원의 낭비, 비용의 손실을 의미하기 때문입니다."

많은 기업이 식스시그마를 통해 눈부신 활약상을 보여줬다. 나아가 이제 우리는 퍼펙트워크라는 잣대를 가지고 평소 우리의 모습을 되돌아봐야 한다. 자신에게 더 엄격한 잣대, 더 높은 목표를 제시함으로써 현대사회가 필요로 하는 올바른 인재가 되도록 만반의 준비를 갖춰야 한다.

아울러 직장 내 퍼펙트워크의 확산을 위해 적극적인 '전도'에 나서 집단의 공통된 가치관이자 비전으로 제시해야 한다. 그것이 우리 모두가 현재 하고 있는 일에서 두각을 드러낼 수 있는 방법이다.

'지금, 당장, 즉각'
행동하라

잘못된 결정을 실행하는 것이
우유부단하거나 미적거리는 것보다 낫다.
실행하면 수정할 수 있지만, 그렇지 않으면 아무것도 못한다.

강력한 실천력 없이 퍼펙트워크는 불가능하다. "즉각 행동하라"라는 이야기는 성공을 향한 첫 번째 걸음이다. 시작조차 하지 않았다면 퍼펙트워크를 논할 자격조차 없다. 그저 목표가 있다고, 나름 계획을 세웠다고 해서 성공을 향한 첫 걸음을 내디딘 것이 아니다. 성공을 꿈꾼 이상 그에 상응하는 노력을 기울여야만 성공을 향한 여정도 비로소 시작된다. 계획만 세우고 행동하지 않으면 영원히 제자리에 머물러 있을 뿐이다. 제아무리 최신 이론에 정통하고, 제아무리 훌륭한 방법을 알고 있다고 해도 이를 행동으로 옮기지 못하거나 자신을 반성하는 데 활용하지 못하고 자신의 '자산'으로 삼지 못한다면 아무것도 모르는 것과 다름없다. '지금, 당장, 즉각' 행동하라. 실행력은 기업의 핵심 경쟁력이다.

효율을 강조하는 현대사회에서 우리에게 주어진 과제는 최단 시간에 최소한의 자원을 동원해 최대의 효율을 올리는 일이다. 빌 게이츠는 이렇게 말했다. "과거에는 그저 적응하는 사람만이 살아남았다면 지금은 가장 빨리 주어진 일을 완수한 사람만이 살아남을 수 있다." 어떤 일에 부딪혔을 때 즉각적으로 행동하는 일은 탁월한 작업자라면 반드시 갖춰야 할 올바른 습관이다.

중국 최대 전자상거래 사이트인 알리바바Alibaba의 창업자로, '중국의 빌게이츠'라 불리는 마윈馬雲은 '알리바바'를 '생각하는 집단이 아니라 행동하는 집단'이라고 불렀다. 마윈은 다양한 장소에서 실천력의 중요성을 강조했는데, 이를테면 잘못된 결정을 실천하는 것이 우유부단하거나 결정하지 못하고 미적거리는 것보다 낫다고 이야기했다. 적어도 실천하면 설사 그 과정에서 문제가 발견됐다고 하더라도 이를 수정할 수 있다는 것이 그 이유다. 모든 것을 정보에 의존해야 하는 정보화 시대에는 날마다 쏟아지는 대량의 정보 때문에 상황에 대한 예측이 쉽지 않다. 마윈이 '계획하고 난 뒤에 움직이는 것'이 아니라 '즉각, 당장 행동해야 한다'고 강조한 이유가 바로 여기에 있다.

마윈과 손정의孫正義(일본 소프트뱅크 대표이사)는 '최고의 아이디어에 최악의 실천력이 결합된 경우와, 별 볼 일 없는 아이디어지만 적극적인 실천력이 결합된 경우 중 어느 것이 더 효과적인가?'라는 문제를 가지고 토론을 벌인 적이 있었다. 긴 토론 끝에 두 사람이 내린 결론은 후자였다. 우수한 지도자는 생각보다는 실천을 강조한다는 것을 보여주는 대목이다.

어떤 자리에 있든 '당장, 즉각 행동하라'라는 이야기는 가장 중요한 행동 원칙이다. 행동력을 강조하는 마윈의 생각은 알리바바의 탄생으로 이어졌다.

열여덟 명으로 구성된 알리바바의 '개국공신'은 베이징에서 항저우로 돌아온 뒤 마윈의 집에서 첫 번째 전체 회의를 열었다. 이때부터 이들은 '골리앗'이라는 거대 시장을 상대로 '다윗'을 자처하며 '미치지 않으면 미칠 수 없다'는 마윈의 진두지휘하에 힘을 모았다. 하지만 그들 모두 마윈의 '명령'에 복종만 한 것은 아니었다.

사이트를 오픈하기 전에 B2B 모델의 출시를 두고 내부 갈등이 폭발했다. 일부 프로그래머는 마윈의 의견에 동의하지 않았고 심지어 일부에서는 강하게 반발하기도 했다. 그도 그럴 것이 당시 가장 성공적인 사업 모델은 B2C나 C2C소비자간 직접 상거래였기 때문이다.

마윈이 생각하는 B2B 모델은 불가능하다는 것이 당시 대다수 사람의 생각이었다. 자유롭게 운영되는 거래 방식을 엄격하게 관리하겠다는 B2B 모델은 '자유', '무료'라는 네트워크의 원칙에 위배되는 것과 다름없었다. 일부 직원의 반발이 계속되는 가운데, 이들을 설득하는 데 실패한 마윈은 결국 전화로 명령을 내렸다. "지금, 당장, 즉각 행동하시오!"

마윈의 단호한 지시가 떨어지자 개발팀은 즉각적인 행동에 나섰고, 그 후에도 이런 장면은 알리바바에서 몇 차례 '상연'됐다. 몇 년이 지난 후 성공적으로 알리바바를 선보인 마윈은 당시 일을 떠올리며 이렇게 말했다. "평소 저는 고집이 센 편이 아닙니다. 100번 중에 한 번 있을까 말까 하죠. 하지만 여러 번 생각해도 내 생각이 옳다고 판단한 일이라면 결코 물러서지 않습니다."

우수한 집단이란, 지시가 떨어지면 그대로 실천에 옮길 술 아는 실천력을 가진 집단이다. 탁월한 실천력으로 무장한 알리바바를 이끌고 있는 마윈은 자신이 옳다고 생각하는 방향을 향해 미친 듯이 달려 나갔다. 이러한 그의 실천력은 알리바바의 모든 회원에게 커다란 기쁨을 안겨줬다. 정보나 경영 이론을 주고받는 일 외에도 회원들은 희로애락을 비롯한 자신의 잡다한 신변잡기를 알리바바와 공유했다. 네트워크라는 가상 세계에서 마윈은 직원들, 회원들과 함께 자유롭고 개방된 분위기 속에서 허심탄회하게 생각을 주고받고 있다.

많은 이들이 힘겹게 성공을 추구하지만 실제로 행동에 나서지 않고 그저 입만 놀린다. 누군가는 어떻게 해야 성공할 수 있냐고 간곡히 묻지만 구체적인 답변을 얻은들 행동하지 않는다면 무슨 소용 있겠는가. 즉각 행동으로 옮기는 것만이 성공을 위한 유일한 해결책이다. 목표만 세우고 이를 거들떠보지 않는다면 아무것도 얻지 못한다. 강인한 결단력을 가지고 '우공이산愚公移山' 정신으로 무장하면 하지 못할 일이 무엇이랴.

프랑스의 유명한 풍경화가 코로Jean Baptiste-Camiile Corot는 어린 시절 고전파 화가인 베르탱Jean-Victor Bertin에게서 사사하던 중 뛰어난 실력을 인정받아 로마에서 유학할 수 있는 기회를 얻었다. 로마에서 오랜 시간을 보낸 후 귀국한 코로는 바르비종Barbizon 마을 근처의 숲 속에서 자주 풍경화를 그렸는데, 이 때문에 그를 '바르비종파'라고 부르기도 한다.

어느 날 한 젊은 화가가 일흔을 훌쩍 넘긴 코로를 찾아와 자신의 작품을 보여주며 고견을 구했다. 그림을 찬찬히 살피던 코로는 한 치의 망설임도 없이 마음에 들지 않는 부분을 지적했고, 코로의 평가에 충격을 받은 듯 하얗게 안색이 질린 청년은 감사하다는 인사와 함께 내일까지 전부 수정해서 오겠다고 했다.

그러자 코로는 화가 난 목소리로 청년에게 물었다. "내일까지 기다려야 할 이유가 뭔가? 내일 다시 고치겠다고? 오늘 일은 오늘 해야지 내일까지 기다릴 이유가 뭐란 말인가!" 놀란 청년이 더듬거리며 알겠다고 대답하더니 그 자리에서 붓을 꺼내 그림을 고치기 시작했다. 코로 앞에서 그림을 고치던 청년은 훗날 유명한 화가가 됐다. 그는 종종 자신의 지인들에게 이 이야기를 들려주며 코로의 지적 덕분에 인생이 바뀌었다며 여태껏 살면서 가장 고마운 사람으로 코로를 꼽았다.

'목표'나 '방법'을 찾아 헤매다 결국 아무것도 얻지 못할 수 있다. 정신없이 찾아 헤매다 제 손에 아무것도 들려 있지 않은 것을 보고 나서야 '당장, 즉각 행동하라'는 것이야말로 가장 중요한 원칙이라는 사실을 깨닫게 된다.

행동은 어려움을 극복할 수 있는 유일한 방법이다. 물론 행동하겠다고 나선 순간부터 어려움에 부딪히거나 좌절하게 되는 상황과 맞닥뜨리기도 하지만, 겁먹을 필요 없다. 그것은 행동에 따른 '부산물' 혹은 '필연적 결과'다. 행동하지 않았다면 어려움도, 좌절도 겪지 못한다. 행동의 목적은 어려움과 좌절을 해결하는 것이다. 문제를 해결할 때마다 우리는 성공에 한 발 더 다가서게 된다. 어려움과 좌절은 성장 과정에서 만나게 되는 '동반자'이다. 그리고 그 동반자는 당신의 '라이벌'을 먼 곳으로 쫓아낼 것이다. 성공이 그저 멀기 만한 존재가 아니라는 사실을 깨닫고 제대로 된 노력을 기울인다면 누구나 또 다른 신화를 쓸 수 있다. 일단 행동했다면 실패하더라도 쉽게 포기하지 말고, 끝장을 볼 때까지 멈추지 말고 가라.

실행력에 관한 4가지 조언

생각을 행동으로 옮기는 습관은 하나의 일을 온전히 완성하는 데 없어서는 안 될 필수조건이다. 일을 미루지 않고 즉각 실천하려면 아래 몇 가지 조언에 귀 기울여보기 바란다.

1. 조건이 모두 갖춰지기를 기다렸다가 행동하지 마라. 평소 이런 생각을 가지고 있다면 평생 시작도 하지 못한다. 현실에는 모든 것이 완벽하게 갖춰진 상황이란 없다. 그렇기 때문에 문제가 나타났을 때 즉각 행동에 나서고 문제를 해결해야 한다.

2. 적극적인 실천가가 돼라. 아이디어는 머릿속에 오래 담아두고 있을수록 빛을 잃는다. 며칠 더 지나면 아이디어 자체에 대한 기억이나 개념마저 모호해진다. 그럼에도 몇 주가 지나도록 이를 행동으로 옮기지 못했다면 아이디어는 끝내 사라질 것이다.

3. 생각만으로는 성공하지 못한다. 생각이나 아이디어가 물론 중요하지만 이를 행동으로 옮긴 후에야 비로소 진정한 가치를 지닐 수 있다. 평범한 아이디어라고 할지라도 이를 실천하는 것이 "내일 다시 이야기하자" 혹은 "상황을 보고 나중에 생각해보자" 등의 비겁한 변명보다 훨씬 가치 있다.

4. 행동으로 두려움을 극복하라. 제아무리 베테랑 강연자나 배우라고 하더라도 그들 모두 한때는 '초보 강사', '초보 연기자'로 사람들의 시선에 민감하게 반응하며 몸을 잔뜩 사렸다. 하지만 그들은 강연대 혹은 무대에 오르면서 용감하게 두려움을 날려 보냈다. 행동은 두려움을 치료하는 최고의 처방전이다. 뭐든지 시작이 어려운 법이지 일단 하기 시작하면 자신의 생각과 달리 훨씬 수월하다는 사실을 깨닫게 될 것이다.

모든 업무의 일상에서
완벽을 지향하라

기업 경영은 수많은 '혈관'으로 촘촘히 연결돼 있다.
혈액이 '혈관'을 타고 원활히 순환되도록 해주는 것,
그것이 바로 퍼펙트워크다.

남과는 다른 탁월함을 지향하는 기업은 퍼펙트워크를 기업문화로 삼아 기업 경영 및 기업 구성원의 일상적인 업무 기준으로 세워야 한다. 퍼펙트워크가 기업 혹은 집단문화의 한 부분으로 자리 잡을 때, 해당 기업이나 집단은 괄목할 만한 성과를 목격할 수 있을 것이다.

중국의 우주항공 과학기술 그룹의 베이징 11소는 '창어 2호'의 운반용 로켓인 '창정 3호 병'에 장착된 YF-75엔진의 연구 개발을 담당했다. YF-75엔진은 1994년 1월 8일 최초의 시험 비행에 성공한 뒤 33번의 실험 비행에 참가했을 뿐만 아니라 '창어 1호'의 달 탐사 여정에도 동참했다. 기술적으로 안정성이 확보됐지만 연구개발팀은 '100퍼센트 합격'이라는 결과만으로는 부족했는지 다시 한 번 100퍼센트 합격이라는 결과를 얻을 때까지 초심을 잃지 않고 진지하게 작업에 임했다. 종합적인 품질 재조사 및 재심사 작업을 여러 번 실시했고, 엔진 설계를 담당하고 있는 관련 부서 책임자들은 설계 문서나 실험 데이터를 재차 검토하며 작업장 곳곳을 누볐다. 엔진 생산과정의 품질검사나 각종 실험 결과 역시 단순히 문서상의 기록이 아니라 실제 육안으로 확인한 후에야 비로소 'OK' 사인을 했다. 그 결과 상당한 두께의 자체적인 검토 보고서를 펴내기도 했다.

이 외에도 연구개발실에서는 정기적으로 분석 회의를 열거나 작업자에게 경각심을 심어주기 위해 의례적인 문제조차도 대충 넘어가는 법이 없었다. 연구개발팀은 작업자의 품질 안전 의식을 강화하기 위해 부단히 노력했다. 모든 작업자가 품질 안전에 만전을 기하고 전체 프로젝트가 '완벽한' 상태를 유지해야만 대형 프로젝트가 성공할 수 있다는 점을 잘 알고 있었기 때문이다.

동일한 현상, 다양한 원인에 의한 고장, 해결책을 찾지 못한 분석 결과, 지속적인 보고서 수정 등의 과정은 개발팀의 지혜와 의지를 시험했다. 하지만 힘든 과정을 겪으며 개발팀은 문제를 파악하고 해결하는 능력을 키울 수 있었을 뿐만 아니라 빠르게 지식과 경험을 쌓을 수 있었다.

자그마한 실수 하나로 심각한 피해를 유발할 수 있다는 점 때문에 우주항공 사업은 한 치의 실수도 용납하지 않는다. 이런 이유에서 중국의 우주항공 종사자는 퍼펙트워크를 지향하는 업무 습관을 지니고 있을 뿐만 아니라 이를 일상적인 집단 문화로 받아들였다.

치열한 시장 경쟁에서 살아남으려면 다른 업종이나 집단 역시 이러한 습관과 문화를 제 것으로 삼아야 한다. 기업 구성원은 '고객 중심주의, 완벽한 상품과 서비스 제공'이라는 개념을 갖춰야 하고, 기업 역시 환경의 변화에 적응하기 위해 끊임없이 새로운 개념을 받아들이고 창의력을 발휘해야 치열한 경쟁을 뚫고 시장과 소비자로부터 사랑받을 수 있다.

기업의 가치는 고객을 통해서만 구현될 수 있다. 기업 경영은 수많은 '혈관'으로 촘촘히 연결되어 있는데, '혈액'이 원활하게 순환돼야만 기업의 '중요한 부위'가 충분한 혈액을 공급받을 수 있다. 이는 마치 사람의 몸과 같다. 심장에서 혈액을 충분하게 공급하지 못하면 우리 몸은 활기를 잃을 것이고 심각할 경우 목숨마저 잃을 수 있다. 기업이 원활하게 돌아갈 수 있도록 부지런히 혈액을 공급하는 '심장'이 바로 고객이다. 심장고객으로부터 혈액을 공급받아야 활기를 유지할 수 있다는 점에서 퍼펙트워크는 건강한 '기관'으로 비유될 수 있다. 시장의 니즈에 따라 적극적으로 문제를 찾아내고 이를 즉각적으로, 철저하게 해결해야만 기업은 발전을 위한 '성장 동력'을 확보할 수 있다.

퍼펙트워크를 통해 얻은 결과를 한데 모아놓고 보면 복잡하고 어려운 일처럼 보인다. 하지만 자세히 들여다보면 시도해볼 엄두가 나지 않았던 큰일도 작은 일에서 시작되고, 버겁게 보이는 어려운 일도 제대로 해내는 것에서부터 비롯된다는 사실을 알게 된다. '디테일'은 지혜롭고 섬세한 일처리 방식이다. '퍼펙트워크'는 그보다 더 어려운 것을 주문한다. 즉, 결과로 이야기하고 개인과 집단에게 진지하고 엄격한 일처리를 요구함으로써 올바른 업무 습관을 기르도록 하는 것이다. 이제 모든 업무의 일상에서 완벽을 지향하라.

1 양페이창楊佩昌의 『중국인이 모르는 독일인』에서 참고한 내용이다.

2 무결점: 필립 크로스비가 제시한 경영학의 주요 개념으로, 미국에서 첫 선을 보인 이래 일본에서 학문적 성장기를 겪고 전 세계로 전파됐다. 크로스비가 '무결점 이론'을 제시한 책 『품질 혁명』은 300만 권의 판매부수를 올리기도 했다.

3 툰란 광산 사고: 중국 최대 석탄업체인 산시 자오메이焦煤 그룹 산하의 툰란 탄광에서 발생한 가스폭발 사고로 무려 73명의 광부가 소중한 목숨을 잃었다.

4 쑨중산: 쑨원孫文. 중국 근대화의 아버지로 신해혁명辛亥革命을 이끌며 중국의 근대화를 주장했다. "일할 때 줄곧 적극적이지 않았다. 제대로 자리 잡지 못하면 행동하지 않았고, 설사 자리 잡았다 하더라도 제대로 알지 못했다." 이 말은 중화민국이 생긴 후에도 혁명운동을 계속했던 쑨원이 혁명에서부터 건설까지의 구상을 밝힌 책인 『건국방략建國方略』에서 인용했다.

5 품질검사원: 미국 품질통제협회The American Society for Quality Control의 일원을 말한다.

6 후쓰: 중국의 문학자이자 사상가. 1917년에 문학 혁명을 주도하고 백화 문학을 제창하여 구어口語 운동을 통한 중국 문학의 현대화에 힘썼다. 후쓰의 대표작 가운데 하나인 『차부뚜어선생전差不多先生傳』은 모든 일에 '대충대충'인 중국인의 단점을 날카롭게 꼬집고 있는 작품이다. '차부뚜어'는 대략, 대충이라는 뜻을 지니고 있다.

7 이사: 진秦나라의 정치가로 법가 사상을 이용해 시황제를 도와 천하를 통일했다. 군현제 실시를 비롯해 문자, 도량형 통일 등을 추진하며 통일 제국의 확립에 공헌했다.

8 포레스트 검프Forrest Gump: 영화 〈포레스트 검프〉의 주인공. 지능은 낮지만 순수한 마음을 지닌 포레스트 검프의 파란만장한 삶이 영화의 줄거리이다. 결국 큰 성공을 거둔 포레스트 검프의 이야기는 이기심과 혼돈 속에서 살아가는 현대인들에게 성실한 삶의 가치를 되새기게 해주었고, 영화는 세계적으로 큰 인기를 끌었다.

9 유사하와 화염산: 신장 투르판에 있는 지명이다. 유사하는 호수가 마르면서 바닥에 있던 모래가 바람에 날려 수만 년 동안 쌓여 생긴 모래강으로,『서유기』에서 삼장법사 일행이 이곳에서 사오정을 만났다고 한다. 화염산은 여름철이면 지표면 온도가 섭씨 70도에 달해 산에 불이 난 것 같다 하여 화염산이라 불린다.『서유기』에서 화염산의 불길이 삼장법사 일행을 가로막자 불을 끄는 파초선芭蕉扇을 구하기 위해 삼장법사 일행이 나찰녀, 우마왕과 싸우기도 했다.

10 윌리엄 뉴란트: 뷰익Buick 모디스를 설립하여 자동차를 생산했으며 훗날 제너럴모터스GM, 시보레 등을 설립했다.

11 키워드 입찰 경매 시스템: 인터넷 이용자가 실제로 해당 사이트 광고를 클릭해 방문하는 횟수만큼 광고비를 지불하는 사업 모델을 가리킨다. 오버추어Overture 서비스라고도 불리는데, 오버추어는 원래 P4PPay for Perfomance방식 혹은 CPCCost per click를 도입한 전문 온라인 키워드광고 업체다. 오버추어의 키워드광고 사업모델은 광고 시장에서 크게 각광받으며 광고의 일종으로 자리잡았다.

12 에드워드 데밍: 미국의 통계학자. 벨연구소에서 통계적 품질관리SQC의 대가

슈워트와 함께 품질관리의 중요성을 역설했지만 미국 내에서 푸대접을 받았다. 제2차 세계대전 이후 맥아더 장군의 명으로 일본을 찾은 그는 품질경영 이론을 설파하며 전후 일본 경제 성장을 위한 이론적 토대인 PDCA 관리법을 제공했다. 그의 이론에 힘입어 경제대국으로 성장한 일본은 그의 공로를 높이 평가해 일본 최고 품질상을 만들었는데, 이를 '데밍 상Deming Awards'이라고 부른다.

13 5S 운동: 1970년대 일본 기업이 실시한 생산 현장 중심의 생산성 향상 운동으로 주로 정리정돈 및 청결 상태 유지를 통해 작업 환경을 개선하는 데서 출발해 일상적인 활동에 숨어 있는 낭비 요소를 철저하게 제거해나가는 데 목적이 있다.

14 닝가오닝: 1987년 화룬에 처음 발을 들여놓은 후 CEO로 선임되며 화룬의 성공을 이끌었다. 1938년 홍콩에서 탄생한 화룬은 2010년 〈포춘〉이 선정한 전 세계 500대 기업 중 346위를 차지한 중국의 대표적 기업으로, 일용품 제조 및 판매, 부동산, SOC 및 공공사업에 주력하고 있다. 닝가오닝은 2004년 코프코COFCO: China National Cereals, Oils Foodstuffs Import Export에서 이사장으로 활동하다 2011년 6월부터 멍뉴蒙牛(중국 최대 유제품 업체)를 운영하고 있다.

15 류촨즈: 렌샹 창업주로 중국의 '스티브 잡스'라고 불린다. 2011년 11월 류촨즈는 회장직에서 물러나 경영 일선에서 손을 뗐다.

16 진쉬: '중국 증권 감독위원회의 꽃'이라고 불리는 여성 CEO로, 2007년 궈타이와 인연을 맺은 후 6개월 안에 수많은 경쟁자를 물리치며 괄목할 만한 성과를 거뒀다.

17 블랙벨트: 유도 혹은 가라테에서 급수를 표시하는 벨트에서 유래한 것으로, 품질 관리Quality Control를 '능숙하게' 다룰 수 있는 방법과 수단을 의미한다.

삶을 바꿔주는
다산북스의 베스트셀러

경영의 가시화 모든 문제를 눈에 보이게 하라

나가오 가즈히로 지음 | 김윤수 옮김 | 300쪽 | 14,800원

2200개 사에 가시화 경영 시스템을 도입해 실제로 검증된 노하우를 이 책에 담았다. 직원들의 머릿속에 있는 지식과 노하우를 어떻게 보이게 하고, 그것들을 기업경영에 어떻게 적용시키고, 어떻게 매출증대까지 이어지게 할 것인지에 대한 방법을 매우 구체적이고 상세히 전하고 있어, 공리공론이 아닌 실제 경영에 활용 가능한 실무 지식을 얻을 수 있다.

성과의 가시화 1% 전략 베테랑들의 3가지 사고 단련법

엔도 이사오 지음 | 김정환 옮김 | 208쪽 | 13,800원

어떻게 해야 성과가 나는지 모르고 그저 열심히 일하는 직장인들을 위한 책이다. 일본 최고의 경영전략 컨설턴트 엔도 이사오는 프로 전략 컨설턴트가 되기 위해 꾸준히 공부하며 실제로 체험한 3가지 단련법, '느끼는 힘' '생각하는 힘' '전달하는 힘'을 소개한다. 성과를 내고 싶은 사람들을 위해 특별한 셀프 트레이닝 방법을 제시한다.

영업의 가시화 1% 영업 베테랑들의 역할 트레이닝

나가오 가즈히로 지음 | 김윤수 옮김 | 212쪽 | 13,800원

뛰어난 베테랑 영업자가 있어도 노하우가 공유되지 않으면 그 사람이 떠나는 순간 회사는 불안해진다. 영업의 전 과정이 눈에 보이도록 표준화되고 영업 초보자도 곧장 실전에 투입될 수 있는 시스템이 완성됐을 때, 영업은 더 이상 흔들리지 않는다. 2200개 사에서 도입하여 성공한 영업의 가시화, 당신의 회사에도 적용해 보자.

왜 공부하는가 인생에서 가장 뜨겁게 물어야 할 질문

김진애 지음 | 329쪽 | 15,000원

서울공대 살아 있는 전설, 〈타임〉지가 선정한 '21세기 리더 100인' 중 유일한 한국인, 전방위 공부 인간 김진애가 전파하는 공부에너지! 김진애 박사는 이 책에서 '무엇이 자신을 움직여왔는지'를 솔직담백하게 풀어나간다. 그동안 스스로 질문하고 답해온 과정을 더듬으며 공부에 관한 자신만의 철학을 전한다.

관찰의 기술 보려고 하는 순간, 새로운 세상이 펼쳐진다
양은우 지음 | 316쪽 | 15,000원

수년간 연구기획, 경영전략 등을 수행해온 기획전략가 양은우가 가치 있는 삶과 더불어 언제나 혁신하는 경력관리에 성공할 수 있는 방법을 연구한 끝에 발견한 관찰의 기술을 담았다. 풍부한 사례와 함께 사소함에서 혁신의 씨앗을 발견해내는 구체적인 '관찰 프로세스'를 제시해 관찰력을 향상시킬 수 있다.

여자의 습관 적게 벌어도 잘사는
정은길 지음 | 272쪽 | 13,000원

29살에 1억을 모아 내 집 마련에 성공, 결혼 후에는 2년 6개월 만에 아파트 대출금을 다 갚은 똑소리 나는 정은길 아나운서의 생활재테크 이야기. 재테크는 '기술'이 아니라 '습관'이다. 이 책은 주식, 펀드가 아닌 절약과 저축의 습관만으로도 누구나 1억을 모을 수 있다는 희망을 전한다.

프로의 경지 아주 당연한 일을 바보처럼 철저히 하라
고미야 가즈요시 지음 | 김윤경 옮김 | 232쪽 | 13,000 원

"당신이 이 일을 맡아주면 좋겠어요"라는 말을 들은 적이 있다면 당신은 프로다. 프로란 일의 즐거움을 깨달을 때까지 당연한 일을 바보처럼 철저히 하는 사람이다. 일본 최고 경영 컨설턴트 고미야 가즈요시는 프로의 경지에 오르기 위해 우리가 어떤 길을 따라야 하는지 밝혀준다.

디맨드 세상의 수요를 미리 알아챈 사람들
에이드리언 슬라이워츠키 지음 | 유정식 옮김 | 560쪽 | 22,000원

피터 드러커, 잭 웰치와 함께 '금세기 가장 위대한 경영 구루'로 손꼽히는 에이드리언 슬라이워츠키의 최신작. 똑같이 좋은 제품인데 왜 어떤 것은 소리 없이 사라지고 어떤 것은 폭발적인 수요를 창조하며 전 세계를 깜짝 놀라게 했을까? 수요 창조의 놀라운 비밀을, 미스터리를 풀어가듯 흥미진진하게 파헤친 책.

옮긴이 **이지은**

중앙대학교 중국어과를 졸업하고, 이화여자대학교 통번역대학원 한중과에서 석사 학위를 받았다. 중국 대련 요녕사범대학교에서 수학하고, 현재 번역 에이전시 엔터스코리아에서 출판기획 및 전문 번역가로 활동하고 있다. 옮긴 책으로는 『부자 중국, 가난한 중국인』 『누가 중국경제를 죽이는가』 『천추흥망 : 원나라』 『거침없이 빠져드는 역사이야기 경제학 편』 『대국굴기(공역)』 『투자학 콘서트』 등 다수가 있다.

열심히 일하지 말고 완벽하게 일하라

퍼펙트워크

초판   1쇄 발행 2014년 1월 6일
초판 22쇄 발행 2021년 8월 12일

지은이 왕중추, 주신위에
옮긴이 이지은
펴낸이 김선식

경영총괄 김은영
콘텐츠사업1팀장 임보윤 **콘텐츠사업1팀** 윤유정, 한다혜, 성기병, 문주연
마케팅본부장 이주화 **마케팅2팀** 권장규, 이고은, 김지우
미디어홍보본부장 정명찬
홍보팀 안지혜, 김재선, 이소영, 김은지, 박재연, 오수미, 이예주
뉴미디어팀 김선욱, 허지호, 염아라, 김혜원, 이수인, 임유나, 배한진, 석찬미
저작권팀 한승빈, 김재원
경영관리본부 허대우, 하미선, 박상민, 권송이, 김민아, 윤이경, 이소희, 이우철, 김재경, 최완규, 이지우, 김혜진

펴낸곳 다산북스 **출판등록** 2005년 12월 23일 제313-2005-00277호
주소 경기도 파주시 회동길 490
전화 02-702-1724 **팩스** 02-703-2219 **이메일** dasanbooks@dasanbooks.com
홈페이지 www.dasan.group **블로그** blog.naver.com/dasan_books
종이 (주)한솔피앤에스 **출력·제본** (주)갑우문화사

ISBN 979-11-306-0100-7 (13320)

• 책값은 뒤표지에 있습니다.
• 파본은 구입하신 서점에서 교환해드립니다.
• 이 책은 저작권법에 의하여 보호를 받는 저작물이므로 무단 전재와 복제를 금합니다.
• 이 도서의 국립중앙도서관 출판시도서목록(CIP)은 서지정보유통지원시스템 홈페이지(http://seoji.nl.go.kr)와
  국가자료공동목록시스템(http://www.nl.go.kr/kolisnet)에서 이용하실 수 있습니다. (CIP제어번호 : CIP2013028190)

다산북스(DASANBOOKS)는 독자 여러분의 책에 관한 아이디어와 원고 투고를 기쁜 마음으로 기다리고 있습니다.
책 출간을 원하는 아이디어가 있으신 분은 다산북스 홈페이지 '투고원고'란으로 간단한 개요와 취지, 연락처 등을 보내주세요.
머뭇거리지 말고 문을 두드리세요.